W0205794

Je tiens à remercier du plus profond de moi ceux qui m'ont soutenu, aidé et réconforté, tout particulièrement mes frères et sœurs Lakhdar, Madani et Yasmina, ainsi que Malika, Nadia et Melki.

Je remercie vivement Gérard Guérinet, ancien coordinateur de la mission locale de Mantes, pour avoir pris le temps de m'écouter et de me conseiller.

Je remercie le maire de Mantes, Paul Picard, pour sa plaidoirie émouvante lors de mon passage en commission d'expulsion.

Merci à Charles Rojzman, qui a cru en mes capacités et m'accompagne depuis maintenant dix ans, ainsi qu'à Françoise Nung, chef de projet à Chanteloup, pour son soutien durant mon travail auprès des jeunes de cette ville.

Merci à ma femme Ouardia qui a fait de moi un homme définitivement heureux.

Ce sont ces personnes, et bien d'autres que je ne peux citer, qui m'ont aidé à être ce que je suis aujourd'hui.

Je rends hommage à mon ami Nasser, dit Boxeur, tué en 1981 par les gendarmes.

Ce jour-là, j'aurais pu moi aussi y laisser ma peau, si je n'avais eu ce petit bout de chance qui parfois change toute une vie...

PRÉFACE

Cela fait maintenant vingt ans que je travaille dans les quartiers populaires. J'y ai vu se développer les maux qui touchent l'ensemble du corps social mais qui sont ici plus visibles qu'ailleurs. Les riches et les puissants peuvent cacher leurs dépressions, leurs toxicomanies et leurs délinquances, mais les violences des pauvres les définissent comme des « classes dangereuses », abandonnées sur le bord de la route, aigries par la haine ou le ressentiment.

En France, aujourd'hui, ce sont les jeunes issus de l'immigration maghrébine et africaine qui apparaissent souvent comme les auteurs visibles des désordres et des violences en banlieue. À force d'inquiéter, ils risquent de devenir les boucs émissaires d'une société qui fait semblant de tenir debout mais qui en réalité ne parvient plus à résoudre le problème crucial de tout groupe humain : la volonté de vivre ensemble. J'ai la conviction, depuis longtemps, que c'est à partir d'incompréhensions réciproques et de représentations faussées que des conflits sociaux peuvent se transformer en conflits soi-disant ethniques, ou que des mondes peuvent se séparer définitivement, les uns barricadés et protégés par des systèmes de surveillance et de sécurité sophistiqués, les autres détruits par la misère, la violence et la drogue. La démocratie se nourrit de diversités et de conflits. Mais elle peut aussi être détruite par ces mêmes conflits s'ils ne sont pas régulés et acceptés. Ce qui oppose certaines parties de la jeunesse des banlieues aux représentants de l'État sur le terrain, policiers et enseignants entre autres, est de même nature, toute proportion gardée, que ce qui oppose des populations désormais étrangères les unes aux autres. Ne retrouve-t-on pas là une sorte de reflet local de la lutte naissante entre les empires du Nord et les « archipels de la misère » du Sud ? Les diversités et les différences, ici comme là-bas, se figent alors en identités sacralisées et en rancœurs collectives, susceptibles un jour d'être manipulées par des démagogues ou des stratèges géopolitiques.

Ce livre, écrit par Yazid Kherfi et Véronique Le Goaziou, nous fait comprendre les ressorts cachés de ces tragiques malentendus et nous permet de pénétrer le cœur d'une réalité mal connue, qui suscite facilement les prises de position manichéennes. Dans le cœur, en effet, puisqu'ici nous partageons les émotions et les passions d'un homme qui fait le récit de sa vie. Certains esprits chagrins pourraient protester : faire le portrait d'un jeune de banlieue, fils d'immigré algérien, délinquant et violent, comme par hasard, ne peut-il pas susciter des généralisations malveillantes ? D'autres, au contraire, pourraient s'indigner de voir un ancien délinquant justifier son « parcours » et faire la leçon aux honnêtes gens. Entre l'idéalisme aveugle et la diabolisation vindicative, la voie est étroite. Le racisme et la violence dans les milieux populaires témoignent de la manière dont les uns et les autres perçoivent la réalité sociale. Même déformée et parfois transformée en préjugés, cette réalité est vécue au travers d'expériences qu'il importe d'entendre et de ne pas confondre avec de simples chimères. Les expériences vécues par des enfants d'immigrés algériens sont réelles, les injustices, les humiliations subies dans un climat de marginalisation par eux ou leurs parents sont réelles. Mais non moins réelles sont les expériences négatives et douloureuses vécues par beaucoup de prétendus « racistes », victimes des violences par lesquelles s'exprime la quête de réparation de ces enfants de la banlieue.

J'ai connu Yazid il y a dix ans à Mantes-la-Jolie. Il était venu avec un groupe de jeunes du Val-Fourré que j'avais invité à venir discuter du quartier et de ses problèmes. Pourquoi ai-je été aussi passionné par ses propos et par le récit de sa vie ? Ce récit n'était pas simplement une histoire de voyou, une histoire de banlieue. C'était une odyssée, au sens où l'entendait Homère, le voyage d'un antihéros, non pas simplement un voyage réel fait d'aventures concrètes, mais l'errance mystérieuse de l'homme qui fait route avec l'espoir d'arriver un jour au port.

Je n'étais pas toujours d'accord avec les points de vue de Yazid. Je ne le suis pas davantage aujourd'hui. Mais ce qui m'a étonné chez lui, c'est qu'il n'essayait jamais de donner une bonne image de lui-même, qu'il n'essayait jamais de se justifier, qu'il se montrait sans rien cacher de ses faiblesses et de ses limites. Très rapidement, je l'ai mis en contact avec des policiers, des travailleurs sociaux, des employés de mairie et à chaque fois, il se passait la même chose : d'abord méfiants, réticents, hostiles, ces gens-là finissaient par s'ouvrir à ce que leur dévoilait Yazid de sa vie, de ses errances. Ils reconnaissaient cette mystérieuse ambivalence qui nous habite tous et qui fait de nous des anges ou des démons, au gré des circonstances. Ensemble, nous étions face à la « bouche d'ombre » dont parle Hugo. Il n'y avait plus ni critique ni jugement. L'âpre réalité nous saisissait et nous remplissait d'une reconnaissance à la fois tremblante et émerveillée devant l'effarante complexité de l'âme humaine. Devant elle, nous éprouvions une compassion mêlée d'un peu de colère et de pitié.

Tout ne s'arrête pas là, bien sûr, mais tout peut commencer par là. Nous sommes bien en peine aujourd'hui de trouver une morale commune qui fonde le vivre ensemble. Cette morale ne pourra plus être celle de ceux qui sont considérés comme des dominants. Les blessures sont trop profondes et la confiance manque. La morale des maîtres n'est plus légitime et c'est tant mieux si cela peut nous permettre d'accéder plus rapidement à l'autonomie. Nous avons besoin aujourd'hui de créer une nouvelle morale à partir d'une meilleure connaissance de ceux qui ne partagent pas apparemment nos valeurs. Pour eux, notre morale n'est que le masque de notre hypocrisie et de notre cynisme qui cache nos intérêts bien compris. Un voyage en banlieue tel que nous le faisons avec Yazid nous fait plonger rapidement dans cette douloureuse question : qui est suffisamment respectable aujourd'hui pour s'ériger en défenseur de valeurs absolues dont il serait possesseur légitime ? La réponse à ce genre de questions n'est pas simple. Nous avons besoin de tenir à certaines valeurs : le respect de l'autre, la sociabilité, la justice, tout ce qui fonde la vie commune. Mais peut-être devrions-nous concevoir le développement humain de façon moins linéaire, avec une meilleure conscience de nos propres déviances, de nos propres errances et de nos propres régressions, en gardant à l'esprit que l'incertitude est devenue notre destin. Il est certain que ni la peur ni le mépris ne nous donneront les clés de cette écoute indispensable, qui ne relève pas seulement d'un impératif de tolérance.

Nous pouvons faire un autre choix. Ce qui se passe aujourd'hui en banlieue suscite la commisération pour certains, la peur pour d'autres et peut-être bientôt pour tous ceux qui sont de l'autre côté, le désir de ne pas savoir, de ne pas entendre pour ne pas être bousculé dans des convictions et des préjugés. Un peu partout, cette tentation monte : les uns font sécession, les autres se barricadent et tous se déclarent victimes de la violence de l'autre. Nous pouvons donc choisir de nous séparer, reclus dans la certitude que nous n'allons plus vivre ensemble désormais. Mais connaissons-nous vraiment tous les risques que comporterait une telle séparation ?

Ce livre est une bouteille à la mer. Il contient un message : « Je ne suis pas complètement bon, nous dit Yazid, je ne suis pas complètement mauvais. Voici ma vie, telle que je l'ai vécue, à partir de ce que j'ai reçu, en bien et en mal. Je n'ai pas renoncé à vous rencontrer. Ce livre en est la preuve. »

Saisissons cette chance. Entrons dans l'histoire de Yazid : on y trouve de la souffrance, de la joie, du plaisir et de la honte. Tout ce qui fait nos vies. Bandits et justiciers, tyrans et sœurs de charité, nous sommes embarqués pour une communauté de destin, enchaînés les uns aux autres par nos responsabilités. Puissions-nous sortir de l'enchantement et du sortilège qui nous conduit à nous accuser les uns les autres et à fuir devant cette énorme évidence : séparés, nous ne nous en sortirons pas !

Charles Rojzman

REPRIS DE JUSTESSE

par Yazid Kherfi
avec la collaboration
de Véronique Le Goaziou

VIOLENCES

AVANT LES VOLS, AVANT LA DÉLINQUANCE, IL Y A LA violence. J'étais violent avant d'être voleur. La violence, enfant, c'est les bagarres. Dans la rue, au pied de l'immeuble, tu vois deux gamins qui se battent. Au départ, tu ne comprends pas pourquoi, ils s'amusent, ils rient, puis bientôt ils s'énervent et ça devient une vraie bagarre. La limite est fragile, tu ne sais pas où s'arrête le jeu. Ces deux enfants ne sont pas seuls, eux jouent mais d'autres les regardent, alors l'un d'eux doit être le plus fort et ça devient sérieux. Quand tu es sous le regard de l'autre, il faut que tu gagnes, or l'autre est toujours là quand tu te bats. La violence, ça attire.

La bagarre, c'est en groupe aussi, dans la petite bande que l'on formait alors qu'on avait neuf ou dix ans, on se battait contre les autres. D'autres enfants en bande ou des enfants qui n'étaient pas comme nous. Les gosses qui allaient au centre aéré, par exemple, on les attendait dans la forêt qui bordait les tours du quartier, on se cachait et on les attaquait au lance-pierres. On ne savait pas qui ils étaient, sauf qu'ils allaient au centre aéré, qu'ils avaient plus d'argent que nous et que c'était des Français.

Notre bande et celles contre lesquelles on se battait étaient surtout constituées d'Arabes, parce que peu à peu il n'est plus resté que des Arabes dans le quartier. Mais au départ on était mélangés, et puis quand on se bat il n'y a plus de Français, d'Arabes ou de Noirs, c'est une bande contre une autre, chacune veut défendre son territoire. On ne s'aimait pas, donc on se battait. On ne savait pas pourquoi on ne s'aimait pas, la violence naît de ça. Il suffisait qu'un gars de la bande adverse nous regarde de travers, il suffisait que l'un de nous croie que l'un de l'autre bande avait mal parlé sur nous, et ça partait. Au départ, ce sont des regards et des mots, la violence naît comme ça.

Même si tu ne veux pas, même si tu as peur, la violence est autour de toi et tu y entres. Parce que autour de toi il y a un plus grand que toi, plus fort que toi, qui se bat déjà. À cette époque, le grand c'était Ali, un copain de l'immeuble voisin, je le voyais se battre avec d'autres, il faisait ça bien et gagnait souvent. S'il avait voulu se bagarrer contre moi, il aurait été le plus fort. Dans le quartier, quand tu arrives, tu vois des gamins un peu plus vieux que toi, ils sont déjà dans la violence et sont plus forts que toi, c'est comme ça que tu y vas.

On jouait aussi. Sur le terrain de jeux, après l'école, dans le bac à sable ou sur le toboggan, on jouait aux billes, on jouait dans les bois et d'autres fois dans la décharge, où se trouvaient de vieilles voitures cassées. Et on jouait à se battre. On avait inventé le jeu de la bagarre aux élastiques. Munis de petits lance-pierres qu'on s'était fabriqués avec deux bouts de fer et un élastique, on allait dans les caves, on éteignait les lumières et on se lançait des cailloux, des morceaux de fil électrique ou de ferraille qu'on avait trouvés dans la décharge. Ces bagarres étaient dures et intenses, on se faisait vraiment mal. Ceux qui étaient les plus esquintés pleuraient et rentraient chez eux se faire soigner. Et se faire engueuler.

Si tu restes dans la bande et si tu progresses dedans, alors tu restes dans la violence et tu progresses dedans. Tu t'es battu petit, tu continues plus grand. Les bagarres les plus dures, les plus spectaculaires et les plus recherchées étaient celles des fêtes foraines. On y allait pour ça. Ça commence toujours pareil, un des grands de la bande qui regarde un mec de travers, un des durs de la bande qui provoque un des durs de l'autre bande. Fixer quelqu'un dans les yeux et le regarder de travers, ça ne se fait pas. L'autre n'aime pas être fixé, alors un premier coup est lancé, un coup de poing ou un coup de boule, et tout le monde y va. Toi aussi tu y vas, tu fais partie de la bande et il y a beaucoup de gens autour de toi qui te regardent, beaucoup de gens qui sont venus voir des gars se battre, qui sont venus pour ça. Parfois tu te prends des sacrés coups, parfois tu es étonné de pouvoir ou de savoir en donner, étonné d'être le plus fort et de gagner. Puis, dans le combat, c'est autre chose de toi qui sort, toute ta rage, tout le mépris qu'on t'a manifesté, toute ta haine, c'est ça que tu fous sur la gueule de ceux qui sont en face. Les coups, tu les portes avec tes mains, avec tes pieds ou tes poings. Avec des couteaux aussi parfois. Au début, on n'en avait pas, puis on en a eu, comme les autres, parce qu'il arrive un moment où, même si tu ne veux plus te battre, tu dois pouvoir te défendre.

Plus tard, il y aura les grandes bagarres, celles qui restent dans ta mémoire. Celle de Deauville par exemple, à laquelle je n'ai pas participé parce que aux yeux des grands j'étais encore un enfant. Des grands de notre bande étaient allés à Deauville et s'étaient fait refouler à l'entrée d'une boîte de nuit parce qu'ils étaient arabes. Ils sont revenus dans le quartier, ont expliqué ce qui s'était passé, et tout le monde a voulu remonter là-haut pour se venger. Ils sont repartis à quinze, en emmenant deux filles avec eux pour entrer dans la boîte. On voulait tous y aller, on en rêvait, mais seuls les plus forts et les plus durs ont pu partir, les autres n'avaient pas de place dans les voitures, on ne leur avait même pas proposé. C'était une grande joie de partir tous ensemble comme ça, de partir à Deauville, de partir se venger, mais seuls les grands ont eu le privilège d'y aller. La bagarre a été violente, ils sont entrés dans la boîte et ont tout cassé, il y a eu des blessés. Certains des nôtres se feront arrêter et iront en prison pour ça.

Le problème de ces bagarres, le problème de cette violence, c'est que ça se passe de chaque côté. Qui commence ? On était violents envers les autres parce qu'ils avaient d'abord été violents envers nous. Notre violence était d'abord une réponse à la violence qu'on nous faisait, elle était donc normale. On se disait que les gens en face ne nous aimaient pas. C'était une bonne façon de justifier les coups qu'on leur donnait et qu'à nos yeux ils méritaient. Sentir qu'on ne t'aime pas, dire qu'on ne t'aime pas, c'est une bonne excuse pour devenir violent, mais est-ce que c'était vrai ? On ne savait pas ou on ne voulait pas faire la part des choses. Lorsqu'on venait au centre-ville, à Mantes, les gens nous regardaient, on sentait leur hostilité. Il est vrai qu'on marchait en bande et qu'une bande ça fait peur, d'où leur hostilité. Mais si l'on marchait en bande, c'était aussi pour nous protéger. Bref, plus tu cherches à te protéger parce que tu sens l'hostilité ou le mépris de l'autre, plus tu renforces ce mépris et cette hostilité. C'est comme ça que tu deviens méchant, peut-être parce que l'autre l'est, mais surtout parce que tu te mets dans la tête qu'il l'est et qu'il ne t'aime pas ou qu'il te hait. Alors, s'il ne t'aime pas tu peux ne pas l'aimer, tu peux le voler, tu peux le frapper, tu es excusé. Ça n'est jamais grave de cogner ses ennemis.

Pourtant, par moments on avait l'impression que c'était vraiment l'autre qui commençait, que c'était les gens d'en face qui ne nous aimaient pas. Parce que même quand on ne faisait rien, on nous regardait, on se méfiait de nous, on nous accusait. Par exemple, on arrivait dans un magasin sans intention de voler et tout de suite le gardien ou le surveillant nous remarquait et nous suivait. Ou bien alors, dans des villes de province, on sortait le soir, bien habillés, pour aller dans une discothèque ou en boîte, et on ne nous laissait pas entrer. Donc là, c'était les autres qui commençaient, c'était eux qui attisaient notre rage ou notre haine. Ce qu'ils nous renvoyaient, c'est qu'on n'était pas des mecs bien, sans doute parce qu'on était en bande, surtout parce qu'on était arabes.

ARABE

C'EST PAR TES PARENTS QUE TU TE SENS ARABE. PAR TA mère surtout. J'avais souvent honte de ma mère quand elle venait nous chercher à l'école, à cause de ses robes arabes, du henné sur ses mains et du tatouage sur son front, une croix de couleur bleue, la marque de son village. J'étais aussi gêné par son français très approximatif quand elle parlait. On la voyait arriver de loin avec ses grandes jupes longues plissées, ses gilets brillants ou ses robes colorées. Les mères françaises nous semblaient bien habillées, la nôtre non, ça nous gênait.

C'était l'époque où on voulait ressembler aux Français, en fait on voulait passer inaperçus et ressembler à tout le monde. On vivait à Triel-sur-Seine avant d'arriver à Mantes, on était les seuls Arabes dans la rue, peut-être même dans la ville. On voulait leur ressembler, mais quand notre mère venait nous chercher on voyait tout de suite la différence, on savait qu'on n'était pas comme eux. On voulait ressembler à ces gens plus riches que nous, à ces gosses français qui partaient en vacances avec leurs parents, qui fêtaient Noël et avaient des cadeaux. On voulait leur ressembler parce qu'ils faisaient la fête entre eux, au sein de leur famille, et parce qu'ils se parlaient. Nous, nous étions plutôt pauvres, on partait en colonie mais jamais en vacances tous ensemble, les seuls cadeaux de Noël qu'on avait étaient ceux de l'usine de mon père, et nos parents ne nous parlaient pas. À cette époque, je rêvais d'être une famille française, c'est-à-dire une famille normale, et j'enviais mes copains français.

La honte, tu la ressens dès le départ. Dès que tu arrives ou que tu vis en France, tu te sens dévalorisé. La honte, c'est jamais toi tout seul qui l'as, c'est l'autre qui te la fait vivre, à travers son regard, son attitude et l'image dégradante qu'il te renvoie. Peut-être cela vient-il d'encore plus loin parce que le regard de l'autre te suit continuellement. C'est le regard de l'autre au bled, le regard de l'autre dans le quartier, le regard que l'autre porte sur toi en tant que paysan et immigré. Tu n'en sors jamais. Alors d'emblée tu es dans la concurrence et tu t'imposes le devoir d'être mieux que cela. C'est peut-être ce que nos aînés ont voulu faire en venant en France, ils sont venus pour réussir mais la plupart ont échoué. Beaucoup s'aperçoivent qu'ils n'ont pas réussi à bien éduquer leurs enfants. Certains jeunes sont devenus délinquants ou toxicos, ne font pas le ramadan, mangent du porc et sortent avec des filles françaises qui portent des mini-jupes et des vêtements moulants. Ce sont les parents qui encaissent tout ça, et tout ça crée la honte dont nous avons hérité. Le rêve de beaucoup de nos parents, c'était de retourner au pays, mais combien d'entre eux y sont retournés et surtout combien d'entre leurs enfants y sont allés ? Mon père, très fier d'être algérien, n'aurait pas accepté que mes frères se marient avec des Françaises. Il en aurait pleuré. Il pleurerait aussi pour la maison qu'il a construite dans son village, dans laquelle il a mis beaucoup d'argent et où l'on ne va quasiment pas. Nos parents n'ont rien réussi du tout, nos pères ont travaillé comme des brutes jusqu'à l'âge de la retraite et ont passé toute leur vie dans une cité. Tu ne vis pas en te levant tous les jours à quatre heures du matin et en rentrant le soir pour te coucher.

La honte, rares sont les Français qui savent ce que c'est, parce qu'ils sont français et, à ce titre, bien plus valorisés. Et même s'ils chutent, ils peuvent se permettre de descendre encore un peu dans la hiérarchie imposée par le regard de l'autre. Mais quand tu pars de très bas, comme un Arabe, tu ne peux pas descendre plus, tu ne peux pas être moins que ce que tu es, sauf à rentrer sous terre. Les Français sont chez eux, entre eux, ils ont leurs églises et leurs fêtes dont tout le monde parle et auxquelles tous participent. On a nos fêtes aussi, mais elles se passent entre nous, entre Arabes.

Un Arabe est dévalorisé parce qu'il est pauvre, illettré, immigré, souvent les trois en même temps. Et ces dernières années on a découvert qu'il pouvait aussi être violent. Quelles que soient les images portées sur l'Arabe, elles le font moins que ce qu'il est. C'est vieux, tout cela. On a toujours su et toujours dit que l'Arabe était inférieur au Blanc, on a ça dans la tête et dans notre histoire, au moins depuis la colonisation. Le colon avait tout, l'Arabe pas grand-chose, le colon possédait la terre, l'Arabe la travaillait, même le plus pauvre des colons était plus riche que l'Arabe. Encore aujourd'hui, pour les Arabes, pour les Algériens, pour les gens de mon village, le Français parle bien, le Français est instruit et connaît beaucoup de choses. Tu ajoutes la guerre d'Algérie, l'immigré qui vit dans un bidonville, tu ajoutes aujourd'hui l'habitant des quartiers et tu as résumé l'image de l'Arabe, l'image avec laquelle on naît.

Multiples sont les circonstances où l'on te rappelle que tu es arabe si d'occasion tu l'avais oublié. Dans les services publics notamment, la Sécurité sociale, la poste, la caisse d'allocations familiales, le service des étrangers de la préfecture, le consulat. Dans ces endroits, tu restes des heures, tu passes des journées et quand arrive ton tour l'employé à qui tu t'adresses daigne à peine lever la tête, et la plupart des fois c'est pour t'engueuler. Il t'engueule parce que ce n'est pas la bonne file, parce que tu n'as pas pris le bon papier, parce que tu as oublié un document, parce que tu as mal rempli le papier et parce que, quand tu oses ouvrir la bouche, tu ne parles pas comme il faudrait.

Où que mes parents aillent, mais c'était surtout vrai dans les services publics ou les administrations, ils se sentaient gênés, comme s'ils craignaient de déranger. C'est surtout ma mère qui y allait puisque c'est elle qui s'occupait des papiers. Quand mon père l'accompagnait, il ne parlait pas. Il n'était pas allé à l'école et ne savait ni lire ni écrire, mais il était fier. Lorsque c'était nécessaire, il nous demandait discrètement de lui traduire ce qu'on lui disait, comme il nous demandait de lui traduire les nouvelles à la télévision. Il lui arrivait d'acheter le journal, mais seulement pour l'ouvrir à la page du tiercé, là où il y a des chiffres. Ma mère s'en sortait mieux, elle a pu apprendre à lire et à écrire avec nous, mais dès qu'elle devait se rendre à la Sécurité sociale ou au service des étrangers, l'un de nous devait l'accompagner car elle n'arrivait pas à remplir les papiers.

Ça paraît rien, un papier, ça paraît futile ou anodin. C'est énorme, les traces que ça laisse quand tu n'en as pas ou quand on hésite à t'en donner. En 1993, soit bien après mon dernier séjour en prison et mon année d'assignation à résidence, j'ai fait une première demande d'obtention de la nationalité française. Je travaillais déjà depuis un certain temps, j'avais choisi de quitter l'Algérie pour faire ma peine et venir vivre en France, et je ne voulais plus être dans la précarité. On m'a demandé l'extrait de naissance de mon père et de ma mère ainsi que celui de leurs parents, or mes parents sont quasi orphelins et on ignore la date exacte de naissance de mon père. On m'a demandé les extraits de naissance de mes frères et sœurs, leurs antécédents, leur parcours scolaire, les attestations des employeurs chez lesquels ils avaient travaillé, bref on m'a demandé de constituer un dossier à peu près aussi épais qu'un dictionnaire. Tu ajoutes à cela la visite médicale, l'enquête sociale, l'enquête de police et l'enquête des RG à cause de mon passé de voyou et de taulard. Il faut être plus français qu'un Français pour devenir français. À cette époque, j'étais militant, or on peut concevoir qu'être militant c'est être citoyen et participer à la chose publique, mais ça a plutôt été un obstacle, alors j'en ai conclu que pour devenir un citoyen français il ne fallait surtout pas montrer ta citoyenneté.

En plus des papiers, on te pose des questions. On te demande par exemple si tu parles la langue alors que ça fait déjà une heure que tu converses avec l'employé. On te demande quelle langue tu parles en famille, quels amis tu vois, s'il t'arrive de retourner chez toi, sous-entendu au pays. Si tu réponds oui à cette dernière question tu n'as aucune chance. Alors, à ces questions idiotes tu apportes des réponses idiotes, en te maudissant de n'être pas entré dans le bureau de la préfecture en chantant *La Marseillaise* enveloppé des couleurs du drapeau français. En clair, plus tu as d'attaches arabes, moins on acceptera que tu deviennes français, il te faudrait tout renier. Ces papiers, cet interrogatoire, cette procédure, ils restent en toi comme une blessure et une humiliation. Les blessures que nous vivons en tant qu'Arabes, on ne peut pas toutes les énumérer et peut-être faut-il savoir les oublier. Mais chaque immigré et enfant d'immigré porte avec lui son lot d'humiliations.

Tous les Français n'étaient pas méprisants à notre égard, il ne faut rien exagérer. Dans nos tentatives de contacts avec eux, nous avons parfois été récompensés. Lorsque nous ne rentrions pas chez nous le soir, c'est-à-dire de plus en plus souvent en grandissant, nous tournions en voiture dans les rues du centre de Mantes à la recherche de lumières derrière les fenêtres des appartements. Sans doute pensions-nous que les gens qui se couchaient tard, comme nous, devaient être différents. Le fait qu'une partie d'eux vivent la nuit nous les rendait proches.

C'est comme cela que nous avons connu plusieurs femmes seules, des Françaises. Celle qui nous a sans doute le plus marqués s'appelait Yvette, elle était obèse et vivait isolée avec sa jeune sœur, handicapée mentale, dont elle s'occupait. On a souvent mangé chez elle, le réfrigérateur était toujours plein, et on restait dormir, seuls ou avec des copines qu'on amenait. Elle aimait notre présence et recherchait notre compagnie, sans aucune ambiguïté. Il est vrai qu'une femme comme Yvette, nul n'aurait eu l'idée de la toucher, mais même si elle avait été belle nous l'aurions respectée, la comptant au titre rare de nos amis français. C'était du donnant-donnant avec elle, elle nous hébergeait et nous nourrissait, mais en retour nous lui rendions des services. Souvent, l'un de nous la déposait à son travail à Vélizy, elle était secrétaire pour l'armée, puis on gardait la voiture dans la journée et le soir on retournait la chercher. De même, on lui a plusieurs fois fait des courses et on l'aidait à aménager son appartement.

Mais si l'on regarde bien, qui étaient Yvette ainsi que d'autres femmes françaises qu'on a connues ? Des personnes seules et marginalisées, Yvette à cause de son physique, d'autres à cause de leur histoire ou de leur mode de vie. Donc des personnes, en l'occurrence des femmes, qui quoique françaises faisaient l'objet du même regard abaissant et méprisant que nous connaissions bien en tant qu'Arabes.

Je redemanderai la nationalité française cinq ans plus tard, on finira par me la donner, en partie parce que entre-temps je m'étais marié et que ma femme, kabyle, était française. Cette nationalité, je la voulais moins pour être français que pour être tranquille. La tranquillité, tu y aspires quand tu as connu la précarité. Je l'avais vécue durant des années.

À l'âge de seize ans j'étais devenu algérien, je l'étais devenu le jour où mon père nous a emmenés, mes frères et moi, au consulat d'Algérie pour nous faire faire nos cartes d'identité. Avant cela, je ne savais pas ce que j'étais, je ne me l'étais jamais demandé. On nous a fait asseoir tous les cinq, mon père avec une montagne de documents, on a attendu, longtemps ; en sortant on avait une nationalité. Remarque, ça nous paraissait plutôt normal d'être algériens, nos parents l'étaient et on avait la tête de l'emploi.

Quelques mois après, je perds ces papiers et comme à cette époque je cherchais du travail – je venais juste d'obtenir mon CAP de mécanicien –, je suis allé demander qu'on me les remplace et on m'a donné un récépissé. Ces récépissés sont valables trois mois et durant presque deux ans, tous les trois mois, quelques jours avant la date d'expiration, je retournais chercher un nouveau récépissé. Je n'ai jamais compris pourquoi ça a duré si longtemps. Ce récépissé était aussi fin qu'une page de papier bible et très vite on ne m'en a pas donné d'autre, on se contentait de tamponner l'ancien. Ce papier, que je devais avoir tout le temps sur moi, notamment pour les contrôles d'identité, est vite devenu un torchon. C'est un torchon que je sortais devant les flics, qui le chiffonnaient encore plus en le maniant, et c'est avec ce torchon que je me présentais devant les employeurs. Ça me coûtait cher de devoir faire tous les trois mois le trajet de Mantes à Versailles, il fallait passer par Paris en ce temps, le billet ne valait pas loin de soixante francs. Soit je payais, soit je ne payais pas et j'avais des amendes, alors j'en ai eu marre de payer pour la préfecture qui tardait à me refaire un papier auquel j'avais droit.

Tu ne peux rien dire dans ces cas-là, tu dépends complètement d'eux parce que ta carte de résident c'est ta carte de vie, c'est ce qui te permet de circuler, de travailler, d'exister. On me disait qu'il fallait que je travaille, je répondais que c'était exactement ce que je voulais faire mais que c'était plutôt compliqué quand je présentais à d'éventuels employeurs un papier sale et illisible saturé de coups de tampon. On répliquait que sans travail je ne pourrais guère avoir de carte, alors un jour j'ai abandonné. Abandonné l'espoir d'avoir une carte, donc celui de trouver du travail, et je n'en ai plus cherché.

Ce n'est pas une chose sûre, mais j'ai le sentiment que si j'avais trouvé un job à ce moment, j'aurais pu marcher autrement. J'avais un diplôme, la mécanique me plaisait et même si je me suis fait plusieurs fois refouler en me présentant devant un patron parce que j'étais arabe, je pensais y arriver. Il fallait pourtant que je me batte, un peu contre moi, surtout contre les autres. Contre ma mère, qui se moquait de moi parce que je ne travaillais pas encore et devais parfois lui réclamer de l'argent. Contre les copains, qui le soir, quand je les croisais dans la cage d'escalier, me demandaient si j'avais trouvé. En leur répondant par la négative, je confirmais ce qu'ils savaient, que l'on peut vivre sans travailler, que l'on peut même vivre bien et mieux que ceux qui comme moi s'emmerdaient à chercher un emploi qu'on leur refusait. Alors j'ai fini par penser comme eux et cela nous a tous confortés dans l'idée qu'on ne s'en sortirait pas.

Aujourd'hui, ça n'a pas beaucoup changé. Aujourd'hui, un Arabe c'est toujours moins qu'un Français. Tu le vis, le vois, le sens tous les jours. Dans le train, où personne ne vient s'asseoir près de toi, où les Français lorsqu'ils entrent te regardent et choisissent ostensiblement une place située loin de la tienne. Tu le vois dans la rue, quand tu croises des femmes qui serrent davantage leur sac contre elle lorsqu'elles t'aperçoivent. Dans les services publics, où on ne te parle pas de la même façon qu'à un Français. Lors des contrôles d'identité, où les flics n'ont pas du tout la même attitude lorsqu'il s'agit d'un Arabe. Dans les boîtes de nuit, où on se fait refouler après avoir été jaugé de la tête aux pieds. Dans le travail, où beaucoup de jeunes d'origine maghrébine ne sont pas embauchés ou doivent rester à la traîne dans leur carrière. C'est même pire aujourd'hui, parce que l'Arabe de la colonisation, de la guerre d'Algérie et de l'immigration est devenu l'Arabe violent des quartiers.

EN BANDE

Durant les premières années, on n'était pas vraiment une bande. Lorsqu'on s'est installés au Val-Fourré en 1967, il y avait peu d'Arabes, c'était encore très mélangé. La plupart de mes copains étaient français, en tout cas européens, il y avait parmi nous un Yougoslave et un Portugais. Mais au fur et à mesure, les familles françaises sont parties, remplacées par des familles maghrébines, et plus tard d'Afrique noire.

Au début, on ne se rend pas compte combien c'est important d'être mélangés. C'est petit à petit qu'on s'est aperçus qu'on voyait de moins en moins de Français, on n'était plus habitués à leur présence et on restait entre nous. En réalité, il est demeuré quelques familles françaises, mais c'était des gens comme nous, c'est-à-dire des gens pauvres. Leurs jeunes ont eu les mêmes problèmes que nous, ils sont tombés délinquants ou toxicos. Les Français qui restent dans ce genre de quartiers, c'est ceux qui ne peuvent pas s'en aller, c'est le quart monde.

On est restés quelques années un groupe de petits gamins violents et turbulents, un groupe de petits voleurs. Je ne me souviens pas quand j'ai commencé à voler, sans doute parce que je n'avais pas l'impression de faire quelque chose de mal. Tout le monde volait un peu autour de moi, tout le monde entrait au supermarché, piquait un truc et repartait. Tout le monde prenait le train sans billet. Dans ce contexte, tu voles une première fois par hasard, parce que ça se fait et que toi-même ne comprendrais pas que ça ne se fasse pas. Dans ce contexte, voler c'est normal, c'est bien, même, alors tu voles une fois, deux fois, trois fois, ça devient une habitude, tu es voleur.

Deux ou trois ans après, les premiers durs sont arrivés, tout droit sortis des bidonvilles de Mantes. C'est l'époque où l'on avait décidé de détruire les bidonvilles de la banlieue parisienne et de loger leurs habitants dans des cités. La vie d'un gosse de bidonville n'avait rien à voir avec la vie que j'avais eue jusqu'à présent ; comparativement la mienne avait été plutôt simple et gaie. Les gosses arabes des bidonvilles sont arrivés de façon massive, disséminés dans le quartier mais déjà en bandes. Pour nous, ils étaient l'équivalent de ce qu'un Mesrine ou un Spaggiari seraient pour les braqueurs ou les taulards que nous croiserions sur notre route quelques années après, pour les braqueurs et les taulards que nous deviendrions nous-mêmes. C'était des durs qui savaient se battre, savaient parler et commander, on les enviait et on n'y a pas résisté, notre groupe s'est fondu dans leur bande.

Petit voleur, je ne me sentais pas délinquant, c'est plus tard que tu l'es, quand tu te réunis pour préparer et organiser une affaire, quand tu formes un groupe qui va l'anticiper et en parler.

Je dirais que j'ai commencé à être délinquant à l'âge de quinze ans, l'âge de mes premiers cambriolages. Je ne me souviens pas du premier, comme si, comme pour le premier vol, je l'avais fait naturellement, sans y penser, comme un acte prévisible, donc nécessaire. Au départ tu es guetteur, parce que tu es le plus jeune ou que tu es nouveau, on te fait seulement surveiller avec ordre de siffler s'il se passe quelque chose. On allait cambrioler des maisons au centre-ville de Mantes. C'était les grands qui les trouvaient, ils les avaient repérées, y étaient allés plusieurs fois, savaient à quel moment elles étaient inoccupées, quoique avant d'agir on sonnait pour vérifier que les occupants étaient partis et qu'il n'y avait pas de chien. On faisait souvent ça l'hiver, autour de dix-sept heures, avant que les gens rentrent, parfois on se trompait et il fallait essayer plusieurs maisons avant de trouver la bonne. Puis, lorsque tu as guetté plusieurs fois, un jour on t'appelle et on te demande d'entrer pour donner un coup de main ou bien parce qu'il manque quelqu'un. Tu prends sa place et tu trouves la tienne.

Le grand qui te demande de guetter, puis qui te demande d'entrer, il attend ta réaction. Tu dis oui, tu peux difficilement dire non ou alors tu dois trouver une excuse. Mais qu'est-ce que tu peux trouver alors que chaque gars de la bande sait exactement ce que tu fais durant les heures de la journée, il connaît par cœur ton emploi du temps vu qu'en général il est identique au sien. Les copains savent que tu n'as rien à faire d'autre à ce moment, alors tu ne peux pas mentir, donc tu ne peux pas refuser. Tu as peur, pas tellement quand il s'agit de guetter, mais quand il faut entrer, tu as peur d'ouvrir la porte. Passé ces quelques minutes d'appréhension, tes sensations changent et bientôt tu as l'impression d'être chez toi. Seul dans l'appartement ou dans la maison, tout t'appartient, tout est à toi. C'est comme un libre-service, tu prends ce que tu veux et tu ne payes pas.

Longtemps, dans la bande, il y en avait qui volaient et d'autres pas. Mais peu à peu on s'éloignait les uns des autres, on marchait par affinités et les miennes allaient vers ceux qui volaient. Plus j'avançais et plus je m'approchais d'eux, plus j'étais comme eux. Ils étaient mes vrais copains, ceux que j'aimais et admirais.

Après les maisons, on a volé des voitures, pas pour de l'argent mais pour s'amuser. Comme pour le premier vol dans un magasin et le premier cambriolage, ce n'est pas d'abord toi qui voles mais d'autres. Tu te trouves avec un groupe de deux ou trois, tu surveilles, tu regardes, tu apprends. Tu observes bien le geste, entrer délicatement la pointe d'une paire de ciseaux dans la serrure, la tourner d'une certaine façon, ouvrir la porte, entrer, brancher les fils et casser l'antivol, ça, c'est l'opération la plus délicate, il fallait souvent s'y prendre à deux. Ce geste que tu as vu faire des dizaines de fois et que tu t'es toi-même entraîné à faire sur les épaves de la décharge ou sur de vraies voitures dont on se servait pour notre apprentissage, ce geste, donc, un jour tu le fais. Tu as repéré une voiture garée assez loin dans le quartier, une voiture si possible facilement volable, comme à notre époque la Simca 1100, tu ne sais pas à qui elle est, tu ne te poses pas la question.

On volait les voitures pour partir faire un tour, surtout quand il faisait beau, personne n'avait son permis mais on savait tous conduire, au pire on apprenait en conduisant. C'était un immense plaisir de prendre le volant, partir, accélérer. Ce que j'aimais par-dessus tout, c'était faire la route jusqu'à Rouen, filer jusqu'au port et regarder les bateaux à la tombée de la nuit.

Des cambriolages dans les appartements ou les maisons, j'en ai fait plus d'une centaine. Les vols dans les magasins, je ne pourrais pas les compter ; les vols de voiture, plusieurs dizaines. Avant de tomber pour ma première affaire, je ne me suis jamais fait prendre, on se faisait bien attraper de temps en temps par les gardes du supermarché, mais ils se contentaient de noter notre nom. Pas un, jamais, n'a un jour appelé chez moi ou prévenu mes parents. À la limite, ils nous surveillaient un peu plus quand ils nous voyaient revenir, mais ça ne nous a jamais empêchés d'y retourner et de continuer à voler. Ainsi, on volait sans être véritablement inquiétés, quasiment au vu et au su de tous qui savaient ce que l'on faisait, et encouragés par certains.

Avec toutes ces affaires on finissait par avoir pas mal d'argent. On le dépensait pour s'habiller. On allait à Paris, chez *Dufroque* ou *Jean Raymond*, des boutiques de Strasbourg-Saint-Denis. On s'achetait des blousons de cuir ou des vestes, des pantalons à pinces, des chemises et parfois des chaussures italiennes, pointues au bout et vernies.

On dépensait aussi notre argent dans les boîtes. À Mantes, le dimanche après-midi, on allait à *La Panthère rose*, plus tard appelée *Disco 2030*, l'entrée coûtait dix francs. Le vendredi et le samedi, on allait au *Kiss-Club* à Strasbourg-Saint-Denis, là c'était autre chose, une boîte de durs et de gars qui avaient fait de la prison, les habitués de cette boîte s'appelaient les *kiss-men* entre eux. On y allait pour danser, sur la musique de James Brown et de Barry White. On dansait seul ou bien avec des filles. Du moins ceux qui en avaient.

Mais notre lieu préféré, c'était le café de Nico. On ne l'a jamais appelé autrement, ne sachant pas qui il était et d'où il venait. On l'a connu au Val-Fourré, où il était barman au drugstore du quartier, puis on l'a suivi au centre-ville quand il s'y est installé. Son bar est devenu notre QG, on s'y retrouvait certains matins et tous

les vendredis et samedis soir. L'établissement, qu'il avait appelé le *bar des Touristes*, était situé juste en face d'une succursale de la Banque de France. Tous les mois, on voyait les camions blindés chercher de l'argent, ça nous faisait rêver. Il y avait des flics partout lors de ces transactions et souvent ils descendaient inspecter les caves de chez Nico pour voir s'il n'y avait pas de souterrain. Ça nous faisait rêver parce que l'un de nous, qui avait travaillé ou connaissait quelqu'un qui avait travaillé dans cette banque, disait que le coffre reposait sur un matelas d'eau. On n'a jamais fait qu'en rêver de cet argent, on n'avait pas la stature pour entreprendre quoi que ce soit et aller plus loin.

Nico ne posait pas de questions sur notre business. Il acceptait même de nous rendre quelques services, comme déposer des petites choses derrière son comptoir ou faire passer des messages entre nous. Le soir d'une affaire, c'était chez lui qu'on téléphonait – il n'y avait pas de portables à l'époque –, c'est de chez lui qu'un copain appelait pour dire quelle route prendre en fonction de la circulation ou des barrages de flics. Nico était un peu notre complice, un complice qui n'a jamais parlé de ce que nous faisions. Il n'ignorait pourtant pas grand-chose, il savait qui était voleur ou pas, qui partait pour une affaire et parfois de quelle affaire il s'agissait. À une heure du matin il fermait, alors la bande se déplaçait de quelques mètres pour s'installer sur les marches, devant la grille qu'il venait de tirer. Et elle restait là une bonne partie de la nuit.

À notre façon, on profitait sacrément bien de la vie. J'étais l'un de ceux qui se levaient le plus tôt, j'allais chez Nico boire un crème et manger des croissants, puis je passais ma journée à voir des gens, des copains chez qui j'allais, des copines que je retrouvais. J'y allais pour parler, pour le plaisir d'être avec eux. Dans le milieu de l'après-midi, la bande se retrouvait, une affaire était prévue, elle nous prenait environ une heure et le soir on sortait. On avait peu de contacts avec les autres gens, ceux qui n'habitaient pas le quartier ou ne faisaient pas partie de la bande.

Il nous arrivait de nous moquer d'eux quand au tout petit matin, après une nuit blanche et avant d'aller nous coucher, on allait boire un café au *Terminus*, près de la gare de Mantes. Là on voyait ceux qui allaient travailler, qui depuis dix ou quinze ans se levaient à la même heure, pour prendre le même train, avec la même tête triste et le même air fatigué. Cela nous confortait dans notre refus de leur ressembler, au cas où l'un d'entre nous se serait mis en tête de travailler.

Nous, on voulait vivre et on vivait. Et on riait. On riait entre nous, parfois contre les gens, mais je ne me souviens pas qu'on ait été vraiment méchants. On pouvait avoir des expressions méchantes, certains toujours, comme mon copain Boxeur, qui avait l'air dur et le visage marqué. Moi non. J'étais plutôt très souriant.

VIVRE, RÊVER

Réussir, c'est avoir une bonne situation. On ne réussit pas avec un sale boulot, un boulot d'OS ou à la chaîne, mal payé et dégradant, un boulot où tu bosses tandis que ta tête fait autre chose. Travailler sans penser, sans utiliser ce que tu es, voilà l'humiliant. Tous ces boulots où il faut se lever tôt. J'aimais me lever mais pas pour aller travailler.

Délinquants, en bande, on bougeait, on prenait des risques, on roulait vite, on partait en affaire, on vivait des aventures. On était regardés, valorisés, craints. Par quoi cela peut-il se remplacer ? On se blessait parfois, souvent. On se faisait mal. Avoir mal, peur, faire mal et faire peur, est-ce que cela peut s'oublier ? Cela me manque aujourd'hui, la bande me manque. Chacun d'entre nous a sa vie maintenant. On se voit parfois, on se parle. Puis on se sépare. Qu'avons-nous encore à partager ?

Que puis-je partager avec d'anciens forts ou d'anciens durs de la bande qui sont devenus des moins-que-rien alors qu'ils étaient respectés et valorisés ? Ils travaillent là où on disait qu'on n'irait jamais, ils se font marcher dessus par leur employeur ou par des plus jeunes qu'eux, plus gradés ou plus diplômés, comme nos pères l'ont été, avec le même air triste et le même air fatigué que ceux que l'on voyait à la gare de Mantes, certains de ne jamais leur ressembler.

Comme nos pères, la plupart d'entre nous ont échoué. Beaucoup sont mariés et ont des gosses, mais ils vivent toujours au Val-Fourré. Ils travaillent chez Renault ou ont été recrutés comme chauffeurs de bus par la société de transport de Mantes, d'autres font des petits boulots, certains n'ont rien trouvé. L'échec ne les a pas lâchés, ils l'ont connu dans leur famille, à l'école, dans la rue, il s'est intensifié et aujourd'hui il se transmet. Sur la trentaine que nous étions, la plupart vivent comme leurs parents, une vie qui ne nous plaisait pas et dont nous nous moquions. C'est pour ça que lorsqu'on se rencontre on a du mal à se parler.

Parfois je leur en veux, pour leur vie, la vie qu'ils mènent, et aussi parce que j'ai l'impression qu'ils sont passés de l'autre côté. Je le vois par rapport aux petits, ceux qui nous ont suivis et prennent des voies risquées. Il faut qu'on soit proche des petits et on pourrait penser que nous, anciens de la bande, qui avons connu la violence et la délinquance, nous pourrions les aider. Mais beaucoup ne le font pas et se moquent d'eux, ils critiquent ce qu'ils sont et n'admettent pas qu'ils soient violents alors que la violence des petits est la même que la nôtre, faite des mêmes sentiments exacerbés, des mêmes difficultés, la souffrance n'a pas changé. Mais ces anciens l'ignorent et ils deviennent comme des Français, des gens avec des préjugés.

À choisir, j'aurais préféré qu'ils restent délinquants. Vivre, la délinquance te le permet. Elle te permet de ne pas couler et de t'insérer. Illégalement sans doute, mais qu'importe le moyen quand tu n'as pas le choix. Il vaut mieux vivre dans la marge et voler plutôt qu'être clochard. Quand tu vas chercher du boulot, il faut être propre n'est-ce pas ? Il te faut des vêtements et de quoi payer ton ticket. Être clochard, c'est se laisser aller, complètement s'abandonner.

Aucun de nous ne l'était du temps de la bande, mais quelques-uns le sont devenus et c'est le pire qui pouvait leur arriver. Être sale, vivre dans la merde, sentir le regard gêné ou méprisant des gens, c'est être moins qu'un animal, moins que rien. Ça ne nous serait pas venu à l'esprit de n'être rien. Il était évident que nous devions être propres, dignes, debout, quel qu'en soit le prix, nous ne voulions pas vivre à terre et ramper. Les clochards que je croise aujourd'hui, si j'osais, je leur dirais d'aller voler, de prendre des risques pour finir en prison peut-être, mais finir vivants. N'importe qui peut faire plus que ce qu'il est, un clochard sait faire quelque chose, il peut être intelligent, alors il doit se servir de ce qu'il est. Mais nul ne doit jamais s'abaisser.

Pour être délinquant, tu dois être intelligent. Un délinquant réfléchit, anticipe, prépare, imagine et doit souvent improviser et savoir se débrouiller. Ces dispositions ou ces qualités sont nécessaires si tu ne veux pas te faire prendre et tomber, si tu veux durer.

J'ai ces qualités en moi depuis longtemps. Je sais ce que je vaux, je le sais depuis ma dernière affaire et la cavale qui a suivi. Nous sommes en juin 1981 et mon copain Nasser, dit Boxeur, un caïd du quartier, vient me chercher dans une R30 volée avec un autre copain du Val-Fourré, pour me proposer de descendre sur la côte. Ils sont accompagnés de deux mecs de Paris. La côte, c'est le rêve, je ne connaissais pas les deux gars, mais j'ai vu que je pouvais leur faire confiance, alors je suis parti. Nous avons fait un crochet par Paris pour aller chercher une fille que le copain de Nasser conduisait à Marseille pour la mettre sur le trottoir durant la période d'été, puis on a pris l'autoroute du Sud et on a volé plusieurs stations-service. On s'est fait repérer après avoir braqué une grande surface, on avait piqué une deuxième voiture un peu avant, et si j'ai pu franchir le barrage que les flics avaient installé, Boxeur se fera prendre et tuer. Avec les autres, on se sauvera dans le Gard, on se cachera dans la montagne, on ira un peu dans la famille que j'avais là-bas, on se battra contre les gendarmes qui tenteront de nous arrêter. Les autres se feront prendre, et je commencerai seul trois jours de cavale dans la montagne et la forêt. Je courrai des heures durant, je tromperai les chiens de flics en m'enterrant, je ramperai pour éviter les hélicos. Il y aura tant de sensations mêlées, la peur, l'étonnement, la faim, la fatigue, la saleté, et ce corps qui marche comme un fou, qui avance coûte que coûte, qui se bat, et cette tête qui pense, qui calcule, qui invente.

Peu avant de retrouver ma famille et de filer vers Marseille puis l'Algérie, je lirai les articles dans la presse qui parlaient de nous et j'apprendrai la mort de Nasser. C'était la première fois qu'un copain mourait au cours d'une affaire. La mort faisait pourtant partie de notre univers. On prenait souvent des risques, mais ce n'est qu'après qu'on s'apercevait qu'on aurait pu être blessés ou mourir. En voiture par exemple, il aurait plusieurs fois suffi d'un rien pour qu'on se tue. On aurait pu mourir quand on se faisait tirer dessus par des paysans dans les champs ou par les propriétaires des maisons qu'on allait cambrioler. On a aussi entendu plusieurs fois les balles des flics siffler à nos oreilles.

On savait que les voyous mouraient de façon violente, aussi lorsque Mesrine s'était fait tuer deux années auparavant, on avait observé une minute de silence. À vingt ans, je disais que je ne dépasserais pas les quarante. Un certain nombre de mes copains ne l'ont pas fait. Ils sont morts, après avoir été vivants. La mort était une évidence, aussi présente et intense que les plaisirs qu'on ressentait.

Le plaisir était quotidien dans la vie de la bande. C'était d'abord le plaisir du jeu, les jeux de gosses, les jeux dans la forêt, dans la rue, puis peu à peu on a trouvé plaisir à faire des conneries. On s'amusait à renverser les poubelles que l'on trouvait sur la route qui menait du Val-Fourré au centre de Mantes, on lançait des pierres dans les fenêtres des appartements et on faisait du bruit, la nuit, pour réveiller les gens. Toutes ces choses interdites nous procuraient une joie immense. On en riait. On riait souvent. On riait parce qu'on se sentait différents, loin de ces petits pères tranquilles qui rentrent chez eux le soir après leur journée. De ces petits pères qui boivent et qui finissent leur vie, inutiles, comme ceux que l'on voit aujourd'hui dans les quartiers, assis à ne rien faire, la tête baissée, ne trouvant de plaisir qu'à discuter entre eux. Mais ce qu'on ne savait pas, ce qui était pour nous proprement inimaginable, c'est qu'un jour il nous faudrait avoir une vie normale. Une vie banale.

Le mouvement me manque. J'aimerais avoir un camping-car et être sur la route, dormir ici, partir, m'arrêter là. Je l'ai fait avec ma femme lorsque nous n'avions pas d'enfants. On partait le soir, on roulait vers la campagne ou jusqu'au Massif central, on s'endormait dans le camion et en pleine nuit on se réveillait, on avait quitté le quartier. J'aurais aussi aimé avoir une casse. C'est un travail où tu es seul, autonome. Tu bosses dans les voitures, sur des terrains vagues, et fréquentes des gens étranges et différents. Des gens dont tu te sens proche. La vie, c'est l'ailleurs et c'est cette étrangeté.

J'ai souvent eu envie de redevenir voleur quand je ne l'ai plus été. Ce ne sont pas les occasions qui ont manqué, j'étais entouré de copains qui continuaient de voler et je regardais des films de gangsters à la télé. Qu'est-ce que nous montrent ces films ? Des mecs qui volent, braquent, attaquent et qui sont riches après. Et qui vivent. Je savais que je pouvais faire ce qu'ils faisaient, aujourd'hui encore j'en aurais les capacités. Ce serait mon métier, je travaillerais à être voleur. Voleur, c'est gagner l'effort que tu fais et les risques que tu prends. C'est un métier qui demande intelligence, minutie et patience. C'est un métier où tu penses.

À quoi sert de vivre si on n'a pas une vie forte ? Que demain soit comme après-demain et comme hier me le rend inacceptable. Ma fiche de paye arrive tous les mois et cela peut durer des années. Je pars sur un crédit de quinze ans que j'aurai fini de payer lorsque je serai vieux. Et quand je serai vieux, je me demanderai : « Qu'est-ce que j'ai fait ? »

J'ai rencontré peu de gens passionnants en dehors du monde de la délinquance. Sauf peut-être ceux qui voyagent, les journalistes ou les reporters, et ceux qui voyagent dans leur tête, les penseurs. Les chefs d'entreprise aussi, parfois ils prennent des risques, gagnent de l'argent, le réinvestissent. Et partent en vacances. Dans ces métiers, du jour au lendemain tu peux tout perdre, voilà l'intense.

Voleur, je le redeviendrais si je devais quitter ma famille ou si je me retrouvais méprisé ou dévalorisé. Je saurais faire, peut-être deviendrais-je receleur, ainsi que se recyclent les voleurs âgés. Ou bien je pourrais aussi tuer. Un tueur à gages tue des gens qu'il ne connaît pas, pour de l'argent. Je le ferais si de l'autre côté je pouvais aider d'autres personnes. Tuer quelqu'un d'un côté pour en aider cent de l'autre, ça marche, la balance tend vers le bien. Bien sûr, tu pourrais décider de n'aider personne, tu n'aurais alors pas à tuer. Mais si tu peux aider, tu dois le faire, même si tu es tueur pour y arriver.

Je sais qu'on n'a pas le droit de tuer, mais il y a tellement de gens qui en tuent psychologiquement d'autres. On tue par le racisme et par la pauvreté. On tue en laissant des gens en prison pendant des années. On tue les gosses qu'on exclut de l'école ou qu'on met dans des voies de garage et qui ont après cela leur vie toute tracée, leur vie qui a de fortes chances de passer par la prison. Tuer physiquement, c'est injuste, mais il y a tant d'injustices qu'il faudrait aujourd'hui tout remettre à plat, pour se poser ensemble la question de savoir ce qui est bon et ce qui ne l'est pas, ce qui est juste ou non.

Je ne serais pas n'importe quel tueur. Je serais, comme le Parrain dans le film de Coppola, un homme qui tue mais que l'on aime. Je ne pourrais pas tuer pour rien, il faudrait une cause derrière, quelque chose à défendre, des combats à mener. Ça pourrait être aider les pauvres et lutter contre l'injustice, même si cela nécessite de devoir tuer parfois. L'injustice est patente dans notre monde, l'injustice et l'hypocrisie. Trop de gens se fichent des autres, trop de riches méprisent les pauvres. Le Parrain est riche sans doute, mais il utilise son argent pour soutenir ceux qui l'entourent. Il aide des gens, leur parle, les soutient, les écoute, essaie d'être juste. Je n'en connais pas beaucoup qui font ça aujourd'hui.

Je ne suis pas dupe de mes attirances, mais peut-être est-ce un choix de vie que d'opter pour l'exceptionnel et l'intense, et de haïr la banalité. Mon père n'a pas fait ce choix, il n'a d'ailleurs rien vraiment choisi. Il a émigré en France parce qu'il fallait vivre, il a fait plein d'enfants qu'il fallait nourrir. Il était peu curieux, ne parlait pas avec les gens. Lui et ma famille ont marché sans passion, je ne suis pas sûr qu'ils aient été vivants.

FAMILLE

DANS LA BANDE, IL Y A UN SUJET QU'ON ÉVITAIT TOUjours, c'était celui de nos parents et de nos familles. C'était tabou et sacré, on ne s'en approchait pas, on n'y touchait pas. Ils étaient un autre monde mais ils ne faisaient pas le poids, la bande et les copains étaient largement plus attirants que ce qu'on pouvait trouver dans nos maisons.

Dans nos maisons, on trouvait des gens plutôt pauvres, qui ne crevaient pas de faim mais devaient constamment faire attention. On ne peut pas dire qu'on a manqué de choses, mais on n'avait pas certaines choses. Pas de loisirs par exemple, à part un peu de foot et de judo pour mes frères et de l'athlétisme pour moi, pas de vacances en famille, pas d'argent de poche et pas toujours de très bonnes choses à manger. Ma mère se faisait mal aux yeux à force de regarder les prix et prenait systématiquement ce qu'il y avait de moins cher. Elle prenait le même pain, le même lait, la même viande. De la viande hachée qu'elle prenait chez le même boucher, pour quinze francs, pour vingt francs, les jours fastes pour trente. On n'avait pas beaucoup de vêtements, hormis ceux qu'on se repassait de frère en frère ou des vêtements d'occasion que ma mère récupérait. Elle arrivait quand même à se débrouiller, notamment avec ces troublants bons de la Semeuse dont on ignorait la provenance et que ma mère nous interdisait d'évoquer en présence de mon père.

À l'époque où avec les cambriolages je commençais à gagner de l'argent, je n'ai jamais aidé ma mère, je n'ai jamais rien acheté pour elle ou pour la maison. La seule chose qu'on était beaucoup à faire, c'était de piquer les marchandises que les camions de laitiers laissaient le matin devant la porte des petites crémeries ou des supérettes. En ce temps, les camions déposaient les marchandises dehors, et l'épicier et le crémier les récupéraient au matin lorsqu'ils ouvraient. Alors on se servait, on prenait du lait, du beurre, du fromage, des œufs, on mettait tout ça dans le réfrigérateur de notre mère et on allait se coucher.

Ma mère ne m'a jamais rien dit à ce sujet, je ne sais pas ce qu'elle pensait quand elle voyait dans son frigo ces produits qu'elle n'avait pas achetés. Sans doute savait-elle qu'on les avait volés, mais c'était comme ça dans plusieurs familles du quartier. Peut-être les mères se questionnaient-elles entre elles, mais je crois qu'elles ne cherchaient pas vraiment à savoir. On les baratinait, elles nous croyaient ou faisaient semblant, dans tous les cas elles n'insistaient pas. Peut-être voyaient-elles aussi du positif dans nos larcins, finalement on rapportait des choses à manger ou d'autres objets et produits qu'on avait eus gratuitement ou pour presque rien.

Dans nos maisons, on trouvait aussi des gens qui ne nous parlaient pas et avec qui on ne faisait pas grand-chose. J'ai souvenir toutefois que l'on jouait au loto ou aux cartes certains soirs ou certains dimanches avec mon père. Toujours pour de l'argent, c'est lui qui voulait, on misait des petites sommes, vingt ou cinquante centimes au maximum. Les jeux de cartes, c'était le poker ou un jeu arabe qui s'appelle Rounda. Mon père nous l'avait appris, il y jouait régulièrement avec ses cousins quand ils venaient le voir le dimanche, des cousins de son village qui vivaient dans un foyer à Pontoise. Il arrivait que ma mère se joigne à nous, mais rarement. Avec elle, petits, on allait à la fête foraine et à Mantes, tous les 13 juillet, on allait écouter Marcel Azzola jouer de l'accordéon dans le quartier. Mes parents ne sortaient pas ensemble, je ne les ai jamais vus faire ça. Le seul moment où ils partaient ensemble, c'est pour aller en Algérie, mais selon moi ce n'était pas vraiment des vacances, ils allaient chez eux, or les vacances c'est quand tu vas dans un vrai pays étranger.

Nous n'avions pas l'impression de connaître nos parents, en cela notre famille était assez particulière parce que beaucoup de mes copains étaient allés en Algérie et la plupart parlaient arabe. Moi je ne suis jamais allé en Algérie enfant et aucun de mes frères et sœurs ne parlaient ni ne comprenaient l'arabe. Or les rares moments où mes parents se parlaient entre eux, comme les moments qu'ils passaient avec leurs cousins, ils parlaient arabe ou kabyle, alors nous ne nous mêlions pas à la conversation et sortions rapidement de la pièce. J'en sais un peu plus aujourd'hui sur mon père et ma mère parce que j'ai vécu dans leur village lors de mon exil et que l'on m'a raconté des choses sur eux, mais je ne me souviens pas que nos parents nous aient une fois parlé d'eux. Ou alors de façon fugace, au cours d'une phrase ils lâchaient un mot ou il leur revenait une image. Ainsi, j'ai appris que mon père avait été prisonnier en Allemagne parce que, regardant le film *La Vache et le Prisonnier* à la télévision, et voyant l'inscription KG au dos de la tenue de Fernandel, mon père souriait et disait qu'il en avait eu une comme ça lui aussi. Il ajoutait qu'il aimait bien l'Allemagne et les Allemands parce que c'était des gens très ordonnés. Le reste de ce que je connais d'eux, leur enfance, leur village, leur arrivée et leur vie en France, vingt lignes suffiraient pour le raconter.

On est allés à l'école arabe pourtant, quelques mois. Les cours avaient lieu dans le centre social du quartier avec un prof habilité par le consulat. Mais c'était de l'arabe littéraire et non dialectal, mes parents ne parlaient pas cet arabe-là. Le prof était sévère, il nous frappait sur les doigts et nous faisait ahaner l'alphabet, quand ce n'était pas les paroles de chants algériens auxquelles on ne comprenait rien. On n'était pas beaucoup à aller dans ces cours, les durs n'y allaient pas, seuls les fils à papa étaient obligés, et nous, à l'époque, nos parents nous tenaient.

Jusqu'à la sixième en tout cas, au moment où je suis parti en classe de transition dans un autre collège, nos parents nous tenaient. On rentrait chez nous après l'école et l'on essayait bien de ressortir, mais ma mère ou ma grande sœur nous obligeaient à rester pour faire nos devoirs. On les faisait tous ensemble puis on pouvait ressortir, pas tous les jours, jusqu'à l'arrivée de mon père, qui revenait à la même heure, on entendait le bruit de sa Mobylette lorsqu'il s'engageait dans la rue de notre immeuble. Ma mère ne savait pas lire à cette époque, c'est donc ma grande sœur qui s'occupait de nos devoirs, elle n'a que deux ans de plus que moi mais c'était l'aînée, c'est donc elle qui commandait. Tous les soirs, je lui récitais mes leçons mais chaque soir c'était un peu plus difficile parce que les copains étaient dehors et m'attendaient. Je ne comprenais pas pourquoi j'étais chez moi et pas eux, ignorant s'ils étaient dehors parce qu'ils n'avaient pas de devoirs ou plus probablement parce que personne chez eux n'était là pour le leur rappeler. Peut-être aussi qu'ils n'avaient pas de grande sœur. Ces séjours forcés à la maison me semblaient injustes, alors à la première occasion – l'occasion de l'âge parce qu'on grandissait, ou pour moi le changement d'école et l'orientation vers une sixième de transition – je me suis échappé.

Le passage en sixième a été une étape importante. Je ne suis pas sûr que j'aurais été un enfant de chœur si je n'y étais pas allé, mais je ne suis pas non plus sûr que j'aurais été un délinquant. Quoi qu'il en soit, quand j'ai onze ans on estime que je n'ai pas le niveau pour passer en sixième normale et l'on me met en transition. Je change d'école, j'étais auparavant dans celle du quartier, et je découvre un autre monde. Dans la classe où je me trouve, les profs sont soit absents et ne préviennent pas, soit muets parce qu'ils baissent les bras, soit violents. Je n'avais jamais connu ça auparavant. Quoique pas très brillant, je n'étais pas un élève turbulent, les profs n'étaient pas n'importe qui et on les respectait. Là, je me retrouve dans une classe où sont concentrés tous les voyous du coin, filles ou garçons, et je me mets au diapason. Pour la première fois, je me suis senti mauvais, mauvais par ce que je faisais et mauvais par l'image que l'on me renvoyait. Le seul souci que l'on avait de moi, c'est ce qu'on allait bien pouvoir faire de moi. J'étais un nul, je le sentais, on me le disait, j'étais un mal-aimé.

Je n'établis pas un lien de cause à effet entre ce sentiment et mon parcours de voyou, mais j'éprouvais une injustice à mon égard et ça ne m'a pas aidé. Quoi que je fasse et que je dise, de toute façon j'étais coupable. Coupable de voler, coupable de me battre. Je m'étais pris des coups dehors et j'en prenais encore quand je rentrais. Là-dessus, on était tous logés à la même enseigne, on se prenait tous une dérouillée par la mère, surtout si l'on était sale ou si l'on avait les vêtements déchirés. Elle tapait avec ses mains, elle avait de grandes mains, avec son chausson ou avec le martinet, qu'on prenait pourtant soin de cacher.

Ce n'est pas d'être frappé qui me blessait, c'était de sentir que j'étais le moins bon de la famille. Je ne sais pas si ma mère s'apercevait qu'elle me le montrait régulièrement. Quand elle partait en visite, elle cherchait toujours à emmener l'un de mes frères plutôt que moi. Il est vrai que dans les familles maghrébines le frère aîné prime, je le savais mais ça ne m'empêchait pas de trouver cela injuste. Cette différence est toujours restée. Aujourd'hui encore, elle admire mon grand frère mais elle ne m'admire pas, elle écoutera davantage les propos de ses autres fils tandis que mes paroles lui sembleront avoir moins d'intérêt. Elle m'a souvent arrêté ou a parlé à ma place, ou bien les rares fois qu'elle me laissait parler elle concluait mes propos en disant que j'aurais pu réfléchir avant de dire des bêtises. Tout cela, je ne lui ai jamais dit, c'est un sujet que je n'ai jamais abordé, et je ne crois pas que je pourrais le faire aujourd'hui.

La seule explication, s'il y en a une, et qui explique aussi qu'on ne parlait jamais de la famille et de nos parents au sein de la bande, c'est que ma mère m'en voulait de mon parcours et que je lui faisais souvent honte. Pourtant, pas une fois les vols que j'ai commis n'ont été abordés en famille, et pas une fois mes parents n'évoqueront mes séjours en prison. Chez les Maghrébins, les accidents de cette sorte restent tabous. On fêtera le retour ou la libération du fils, on lui fera un bon repas, mais on ne lui parlera pas. C'est tabou parce que c'est de la souffrance. À la souffrance que leur infligent leurs enfants s'ajoute la propre souffrance des parents, celle de la guerre, de l'immigration, de l'échec. Or chez nous on ne parle pas de ce qui blesse, on n'évoque pas ce qui fait honte. Beaucoup de familles du quartier avaient des enfants qui commettaient des délits, alors personne ne disait rien. Du coup, ça restait dans les têtes, chaque famille avec son histoire dure que les parents encaissaient.

Sans doute nos parents disaient-ils ce que l'on entend aujourd'hui, à savoir qu'ils ne savent pas élever leurs enfants en France. Il y a des règles qu'ils ne connaissent pas, des règles essentiellement destinées à préserver les droits de l'enfant pour des gens et une culture où ces deux mots ne vont pas facilement ensemble. Entre les éducateurs, les assistantes sociales, les profs et les juges, les parents maghrébins sont dépassés. Ils ne connaissent pas ces différents interlocuteurs parce qu'ils n'ont pas l'équivalent chez eux. Dans leur village, n'importe quel adulte s'occupe de n'importe quel enfant, et les affaires se règlent dans un entre-soi qui ne nécessite pas l'intervention de tiers. En France, c'est le contraire, un nombre incalculable de gens peut se mêler des affaires de la famille, c'est-à-dire, pour nous, des affaires intimes et privées, parfois d'ailleurs à la demande de l'enfant, qui porte plainte ou entame une procédure contre ses parents. On peut comprendre que ceux-ci soient dépassés.

De façon générale, ils ne comprenaient pas grand-chose et nous le sentions. Que pouvaient-ils comprendre au fonctionnement de l'école, eux qui n'y étaient jamais allés et parlaient mal la langue, comment pouvaient-ils un seul instant imaginer que leur fils pourrait toucher à la drogue alors qu'eux respectaient scrupuleusement les commandements du Coran ? Nous ne connaissions pas grand-chose d'eux, disais-je, mais l'inverse était également vrai. Ils savaient si peu sur nous, sur ce que nous faisions et sur le monde dans lequel nous vivions. Ils en savaient peu parce qu'on leur en disait peu et parce qu'ils étaient dans l'incapacité d'imaginer. C'est de tout cela que nous ne parlions pas, mais bien souvent un regard suffisait. La honte que nous lisions dans les yeux de nos parents nous les rendait encore plus étrangers. Notre vraie famille, c'était la bande.

AUTRE FAMILLE

LE PREMIER VOL DANS UN MAGASIN, LE PREMIER CAMbriolage, la première voiture empruntée, comme, plus tard, le premier braquage, ce n'est jamais vraiment toi qui les fais. Tu voles d'abord pour un autre, un copain, toujours légèrement plus grand que toi, qui vole des disques au supermarché par exemple. Comme il ne peut en prendre qu'un nombre limité, il te demande de venir et de faire comme lui. Par peur et par obligation tu le fais, tu prends les disques et tu les lui donnes. En l'occurrence, tu n'as pas peur de voler mais tu as peur de ce qui pourrait se passer si tu ne le faisais pas. Si tu ne le fais pas, tu deviens celui qui a peur, qui est un bon à rien, et tout le monde le sait. Alors tu feras n'importe quoi plutôt que de devenir ça.

C'est la bande qui te fait en partie être ce que tu es. Lorsque tu t'éloignes d'elle, tu as envie de la retrouver. À la sortie de mon premier séjour en prison, mes frères viennent me chercher et me ramènent chez moi, où mes parents m'attendent pour me fêter. Tout le monde est là, la famille, les voisins, des gens qui passent, mais je n'ai qu'une seule idée, sortir pour revoir les copains. C'est surtout eux qui m'ont manqué, et je brûle de leur parler de ce qui s'est passé. Ensemble on reverra le déroulement de l'affaire, on essaiera de comprendre ce qui a foiré, on parlera de l'arrestation, de l'interrogatoire, des coups, et ils me poseront des questions. Puis le moment viendra où ils me regarderont pour savoir si je repars avec eux. Tu peux dire non, mais si tu le fais on dira de toi que tu as changé, tu seras mal jugé et tu te retrouveras seul. Je n'ai jamais songé à dire non, j'avais besoin d'argent et j'avais besoin d'eux. La bande était mon environnement et mon milieu. Elle était notre identité et notre sécurité, si tu en sortais tu te retrouvais seul, isolé, et tu vivais dans la peur.

Les plus importants dans la bande, ceux auxquels nous voulions tous ressembler, c'était les durs et les grands. Ils étaient d'abord plus grands dans leur tête. Ils connaissaient plus de choses que nous et parlaient mieux que nous. Dans les discussions, ils s'exprimaient plus souvent et avaient plus souvent raison. C'est eux qui proposaient les sorties, les fêtes, les bagarres, les affaires. C'était aussi de bons voleurs, consciencieux, courageux et qui n'avaient pas peur. Ils étaient malins, calmes et avaient une grande maîtrise d'eux-mêmes. Ils étaient culottés, comme Rachid, qui n'hésitait pas à se faufiler à quatre pattes dans la chambre d'un appartement où les gens étaient en train de dormir, pour les voler.

Mais les grands étaient aussi plus grands et plus durs physiquement. C'est important d'avoir du muscle quand on est voyou, ça fait partie du prestige. Je n'ai jamais été très fort ni très baraqué, pourtant j'en ai fait des courses et des pompes. Ça m'a manqué parce que être fort, ou être le plus fort, c'est ce qui te permet de passer chef. Je ne l'ai jamais été. J'étais en revanche un bon suiveur et un bon lieutenant, et ce qui a fait que j'avais une assez bonne place dans la bande c'est que j'étais honnête et discret. Pas très fort dans la bagarre, pas très imaginatif pour monter une affaire, mais honnête. Souvent disponible, ne reculant pas quand ma parole était engagée, toujours à l'heure aux rendez-vous, scrupuleux sur le matériel, doué pour lever les petits obstacles qui auraient pu nous coûter cher et qu'on n'avait pas imaginés en préparant l'affaire, j'étais quelqu'un de précieux. Mais enfin je n'étais pas tout à fait un dur et j'en serais longtemps blessé.

Les blessures, c'est quand les grands ne te reconnaissent pas, ils partent pour s'amuser ou commettre un délit et ne t'emmènent pas. Ils n'ont pas encore confiance en toi, ils ont peut-être peur que tu les balances. Ne pas être reconnu, c'est être dévalorisé. Tu ne peux pas monter alors que d'autres à côté de toi montent, y compris des plus jeunes ou des plus faibles que toi, mais parce qu'ils ont une grande gueule, parce qu'ils savent rire ou s'amuser, parce qu'ils n'ont pas peur, ils deviennent grands avant toi.

Lorsque tu es petit et que les durs ou les grands partent en affaire, ils te choisissent pour venir avec eux, ou ils ne te choisissent pas. Ils disent, toi tu viens, toi tu ne viens pas, ils te prennent ou te mettent de côté. Ils désignaient les petits qui allaient, pour un temps, être des grands, et s'ils ne te choisissaient pas, tu n'étais plus rien. Tu as pourtant toujours envie de faire plus, montrer ce dont tu es capable, faire tes preuves, mais ce ne sera pas pour cette fois.

À mon tour, lorsque j'ai été grand, j'ai désigné. C'était l'époque où j'étais sur deux bandes en même temps, celle du Val-Fourré, la bande à Gounod, et celle des Merisiers, un quartier de Mantes-la-Ville. Aux Merisiers, j'étais en haut de l'affiche et pouvais désigner ceux avec qui j'allais marcher. J'en éprouvais de la fierté et du plaisir, j'étais celui qu'on écoute, quand je parlais les autres se taisaient. Lorsque je revenais au Val-Fourré, je reprenais ma place, celle de second ou de lieutenant, j'étais certes parmi les durs mais au même niveau que beaucoup d'autres.

Il y avait des avantages très concrets à être un grand ou un dur, les filles n'étaient pas le moindre. Elles sont arrivées tard dans la bande, longtemps on ne s'y est pas intéressés, quelques-unes tournaient bien autour de nous mais on ne les regardait pas et on ne se mélangeait pas.

J'ai couché avec une fille pour la première fois à quinze ans, mais il a fallu ruser. Mon copain Kader, un grand, avait connu dans la journée une Française qui venait de la ville voisine, il m'a parlé d'elle en me disant qu'elle était belle, gentille et coopérative. Je les ai accompagnés tous deux dans la cave et j'ai attendu dans une pièce à côté qu'ils aient fini de baiser. Puis

Kader m'a demandé si j'en avais envie moi aussi. Mais pour que la fille accepte il a d'abord fallu que Kader lui dise qu'il ne voulait plus sortir avec elle, ainsi la fille se trouvait libre, je pouvais lui demander si elle voulait sortir avec moi et elle disait oui. On est allés dans la même cave, j'avais une peur bleue, c'était la première fois que j'embrassais et touchais une fille. Ça a été extrêmement rapide, mais j'étais fou de joie. Bien sûr parce que j'avais connu le plaisir de l'amour, mais surtout parce que Kader allait dire aux copains que je n'étais plus puceau. C'était l'autre qui disait, jamais l'un de nous n'aurait lui-même osé aborder un tel sujet, je ne disais donc rien mais je mourais d'envie que ça se sache rapidement.

C'est important pour ton statut d'être avec une fille. Tu es voleur et en même temps tu as une copine, t'as tout. Par contre, si tu n'as pas de fille, c'est que tu n'es pas capable d'en avoir, t'as rien. Je n'étais pas le plus doué pour ce genre d'opération et il fallait que je me mette en quatre pour pouvoir les accoster. Je savais que je n'étais ni très fort ni chef de bande, or les filles aiment ça, je savais aussi que je n'étais pas un modèle de beauté. Je rêvais de grandes femmes blondes, à la vérité je n'en ai pas eu beaucoup, c'était le privilège des grands et des durs, j'ai surtout eu des filles brunes qui lorsqu'elles tiraient sur le châtain clair me donnaient l'impression d'avoir remporté une victoire.

En revanche, je savais parler et cela m'a beaucoup aidé plus tard pour me faire des copines en prison. Je leur écrivais de belles choses dans des lettres, c'est comme ça que j'ai appris à écrire. Écrire, c'était ma respiration, j'étais en liberté pendant ce temps. Au départ, les filles avec qui je correspondais étaient des copines, mais ma stratégie, au bout de quelques semaines, était de poser une grande et grave question, du genre : est-ce que des amis peuvent finir par s'aimer ? Moi, j'argumentais en positif bien sûr, le but c'était quand même que je sorte avec elles. C'est mieux pour passer ta peine, quand t'es amoureux le temps file plus vite. Mes copines disaient que j'avais l'art de faire de belles phrases, ce n'est pas étonnant si je devais aujourd'hui compter le nombre de brouillons déchirés. Et j'ai parfois un peu triché, je lisais de belles choses dans des livres, par exemple des poèmes ou des proverbes, et je les recopiais dans mes lettres sans préciser que c'était des citations.

J'ai rencontré autant de filles françaises que de filles arabes, mais il est vrai que les Françaises étaient très attirées par nous, elles nous aimaient bien. Peut-être qu'à leurs yeux, en tant que voyous et délinquants, on était de vrais hommes, plus que les Français, qui vivaient moins dans la violence. Pour nous, c'était plus simple d'être avec des Françaises qu'avec des Maghrébines, parce que l'un des buts c'était quand même de coucher avec elles, or les Françaises étaient beaucoup plus libres, il n'y avait pas de parents ou de frères autour d'elles pour nous empêcher d'approcher.

Mais le but pour moi, c'était aussi de pouvoir parler. Tu t'aperçois en fait que dans la bande tu ne parles jamais vraiment. On était une famille mais peut-être pas des amis, nous n'évoquions jamais entre nous les sujets difficiles, ceux qui nous faisaient être dans la souffrance. On ne se parle pas entre hommes, car c'est signe de faiblesse. On devait être durs et forts même si l'envie de pleurer nous prenait parfois à la gorge. Alors c'est aux filles qu'on parlait, le soir ou la nuit, devant elles on pouvait accepter de se rabaisser et d'évoquer les sujets qui blessaient.

En vérité, il y aura un autre endroit où je pourrai parler, où je rencontrerai des gens qui auront connu à la fois la fierté et la souffrance. Des gens que j'admirerai. C'est en prison.

ENFERMÉ

Je suis tombé la première fois à La Baule, j'avais dix-huit ans. On se trouvait en bas des tours, un été, tout le monde était en vacances. Des gars ont proposé de piquer une voiture et de partir vers la mer. On a volé une DS et pris la route de La Baule. Je connaissais cette région, j'étais allé au Pouliguen en colo, enfant, plusieurs années. D'autres jeunes du quartier y étaient aussi allés.

On est arrivés en milieu de matinée et on a tourné dans la ville, vers la plage, sur le remblai, pour regarder la mer et pour regarder les gens, des gens différents qui n'habitaient pas les quartiers. Peu à peu on s'est sentis nous aussi en vacances, oubliant que la voiture était volée. On venait entre autres pour chercher des filles. Certaines aimaient ce qu'on était, des mecs durs, des mecs en bande, on avait du prestige à leurs yeux. On arrivait à flirter sur la plage, à sortir avec elles et parfois à coucher, dans la voiture à tour de rôle, ou sur un coin d'herbe.

On a tourné une bonne partie de la journée puis on a croisé les flics, qui ne nous ont pas pris pour des vacanciers. Des Arabes à La Baule, ça fait bizarre, ils nous ont arrêtés et emmenés. Ils voulaient savoir si la voiture était volée, on a nié, alors ils nous ont frappés. On est restés la nuit entière et une partie du lendemain matin, chacun dans un bureau, à se prendre des gifles, des coups de pied et des coups d'annuaire. On savait qu'on n'avait aucune chance et que c'était idiot de nier parce qu'ils avaient appelé le commissariat de Mantes, qui leur avait dit qui on était, mais tant qu'Alim, le grand qui était avec nous, n'avait pas parlé, on se taisait. C'était à lui de donner le feu vert et d'avouer, s'il ne l'avait pas fait, combien de temps se serait-on fait frapper ? Tu n'aimes pas recevoir des coups, mais tu sais que tu as fait une connerie, c'est donc une façon de payer. Et tu ne peux pas balancer. Je m'efforçais de tenir, essayant de comprendre pourquoi on s'était fait choper, me repassant le film plusieurs fois dans la tête. Tu ne pleures pas, non, jamais.

Au matin, Alim a dit qu'on avait volé la voiture, nous avons signé nos dépositions et été déférés devant un juge à Nantes. On a fait la route en fourgon, menottés, ça a été rapide, le juge parlait clair, carré, je n'ai pas tout suivi et quand il a prononcé le terme « mandat de dépôt », j'ai demandé à un des flics qui nous accompagnaient ce que cela signifiait. Quand il m'a répondu que je partais en prison, les choses ont fusé. La prison, c'était quelque chose, une étape dans un parcours de délinquant, ce qui marque même le fait d'être délinquant. J'ai un peu pensé à mes parents, mais j'ai surtout pensé à mes copains du Val-Fourré, ceux de la bande qui étaient restés et qui allaient bientôt savoir que j'étais tombé.

On est allés dans la prison de Nantes, celle de la chanson, dans le quartier arabe. Les deux mineurs qui étaient avec nous ont été relâchés au bout de quelques jours et Alim, qui avait pris quatre mois, a été transféré à Angers. Je me suis donc retrouvé seul dans une cellule avec dix adultes.

La cellule faisait vingt mètres carrés, avec des tables et des bancs, on y était toute la journée et le soir on montait dans les dortoirs. Tu as peur d'abord, il fait froid, c'est sale, tu ne sais pas sur qui tu vas tomber, puis peu à peu tu parles, t'es obligé. Tu parles, tu joues aux cartes, tu sors en promenade, tu lis parfois. Beaucoup dorment, sur les tables, sur les bancs, par terre. Tu fais toutes ces choses-là, qui ne sont rien, tu t'ennuies terriblement. Je recevais du courrier de mes frères et sœurs une fois par semaine à peu près, bien sûr rien de mes parents, qui ne savaient pas écrire. Dans ces lettres, ils parlaient de la famille, de ce qu'ils faisaient, du quotidien, bref de ces choses très banales dont j'avais terriblement besoin.

Les adultes qui se trouvaient avec moi, tous des Arabes, étaient voleurs, drogués ou clandestins. Je n'étais pas très rassuré de me retrouver parmi ces grands, en tant que jeune, le plus jeune, il fallait que je me débrouille pour être bien avec eux. J'y suis plutôt bien arrivé et j'ai pu être tranquille, notamment éviter les bagarres, dans lesquelles je faisais en sorte de ne pas entrer. On avait le droit d'avoir avec nous des petits canifs à bout rond, que l'on taillait en pointe, c'est avec ça qu'ils se battaient.

J'ai très vite appris qu'on ne pensait pas vraiment en prison. On est au milieu de ses images, parfois on s'y perd. En même temps on est fier, et lorsqu'on a peur ou que le cafard nous prend, alors on pense à ceux qui sont dehors et qui doivent parler de nous en ce moment.

Un an après, je tomberai pour une autre affaire, un vol dans un magasin de pièces détachées auquel on m'avait demandé de participer parce que j'avais une voiture et que je conduisais bien. Je ne le sentais pas, pourtant, j'avais peur d'y aller, mais j'avais encore plus peur que celui qui menait l'affaire se mette en colère et dise de moi que j'étais un froussard. Tu ne peux pas vivre dans le quartier si tu es un froussard, on te le dit, on en parle sans arrêt, tu te lèves le matin avec ça et ça reste longtemps sur toi, ça te colle à la peau. Alors j'y vais, je dis aux copains que je ne ferai que les attendre, mais quand je me retrouve seul dans la voiture et que je les vois en difficulté, je sors pour les aider. L'alarme sonne, tout le monde fuit, sauf moi, je dois récupérer la bagnole, je suis coincé.

Et rebelote. On nous emmène au commissariat de Dreux, qui appelle celui de Mantes, et les coups et les claques commencent. C'est dur d'être giflé, ça fait plus mal qu'un coup de poing ou un coup de pied, c'est humiliant, tu te retrouves comme un enfant. Tu penses : « Il suffirait que je dise la vérité pour les arrêter », puis tu cesses de penser, tu tiens bon. L'un des jeunes, un mineur, finira par avouer. J'irai cette fois-ci à la prison de

Chartres, une vieille prison de campagne, dans une cellule de quatre. Dans la journée, tu parles un peu et tu joues aux cartes. Tu passes des heures à jouer, il n'y avait pas d'ateliers, d'activités ou de télévision en ce temps.

Je ferai une semaine au mitard, punition collective, la prison dans la prison. Tu te trouves dans une cellule individuelle avec rien dedans hormis un châlit nu en béton sur lequel tu poses un matelas que l'on te donne au moment de te coucher. Au-dessus du lit, une fenêtre en gros verre qui ne laisse passer aucune lumière et par laquelle tu ne vois rien. C'est l'isolement complet, pour tenir tu as besoin d'images et de pensées. Ce n'est jamais original ce que tu imagines ou penses à ces moments, tu vois dehors, tu imagines le jour de ta sortie, tu penses au repas que fera ta mère quand elle t'accueillera, tu rêves de vacances. C'est en ayant la tête libre que tu peux partir.

Tu ne pleures pas, non, jamais. Je ne regrettais rien, j'étais responsable de mes actes même si j'étais encore une fois tombé à cause des autres, d'un coup mal préparé, d'une affaire qui n'était pas la mienne. J'organiserai peu d'affaires durant ma vie de délinquant, mais je ne suis jamais tombé pour celles que j'ai préparées.

Les séjours que je ferai après, Bois-d'Arcy, Avignon, Nîmes, Les Baumettes, Liancourt, je commencerai à m'habituer. Même si les prisons changent, la taille des cellules, la propreté, la possibilité de faire des activités, du sport, l'arrivée de la télé, tu finis tout de même par revivre la même chose. Tu apprends les règles et tu prends tes marques. Tu finis par te sentir un peu chez toi.

Une chose difficile à supporter, c'est les discours des mecs qui sont là, ce dont ils causent entre eux. Finalement, tu t'aperçois que tu n'as pas changé de monde car autour de toi tu entends continuellement parler de vols, de braquages, de casses, de coups. Des coups faits, des coups à faire, des coups ratés qu'on n'aurait pas dû faire. Et des coups de demain, les coups rêvés.

Pourquoi, me demande-t-on aujourd'hui, la prison ne guérit-elle pas du désir d'être délinquant ? Parce que en réalité tu ne changes pas de vie, tu es dedans, tu n'es jamais autant délinquant qu'en prison, et si cette fois tu es tombé, tu penses, tu sais, tu crois que tu ne tomberas plus jamais. C'est comme les mecs qui jouent au Loto, ils payent, ils perdent, ils payent encore, perdent de nouveau, si bien que lorsque tu les vois, toi qui ne joues pas, t'as bien envie de leur glisser qu'ils pourraient peut-être s'arrêter, mais ce que tu ne sais pas c'est qu'ils payent et perdent dans l'optique et l'espoir de gagner.

Le plus insupportable dans ce qui se dit en prison, c'est sur le monde de dehors et la société. Ce sont des discours minants, du radical qui te fait mal : la société est pourrie et dehors il n'y a que des cons. Tout le monde marche à ça, et si en plus tu es arabe, tu as vite fait de croire que le monde entier est contre toi et que l'on t'en veut. Tu t'entretiens de cela, tu t'abandonnes dans un état de victime.

Je n'ai jamais voulu me considérer seulement comme une victime, parce que je savais ce que je faisais et ce que j'avais fait, comme tout le monde en prison. Il est vrai toutefois qu'on prenait beaucoup. Six mois pour une tentative de cambriolage ratée, c'était fort, trois auraient suffi pour nous punir, le reste ne servait à rien. Alors le reste tu ne le conçois pas comme une punition mais comme une vengeance par laquelle la société et le monde te manifestent leur mépris. Donc tu rumines. Contre la société, contre les flics qui n'ont pourtant rien fait d'autre que leur métier, contre le juge qui juge vite et n'essaie pas de comprendre, comprendre par exemple que ton parcours de délinquant, ce n'est pas tout à fait toi seul qui l'a tracé et que ta vie tu ne l'as pas choisie complètement. En t'infligeant six mois, on te maintient dans l'oisiveté, dans l'inutilité, dans l'être-rien. Ça n'est pas la bonne façon de punir et de faire payer.

Les détenus les plus insupportables sont ceux qui se vantent. Ils disent beaucoup de choses, trop de choses, sur eux, ce qu'ils ont fait ou feront, et tu sais que ça n'est pas vrai. Parler continuellement de ton affaire ratée, ça n'est pas une solution. Un délinquant doit rester discret et penser à ses échecs en secret, y penser pour comprendre ce qui s'est mal passé et ne pas recommencer, c'est comme ça que tu apprends si tu veux durer.

En prison, tu ne peux pas te permettre d'évoquer ce qui fait mal, ce n'est pas un lieu où la souffrance se parle. Soit tu te tais, soit tu causes de bagnoles, de foot ou de femmes.

Elles manquent, les femmes. Le sexe manque. Tu rattrapes ce que tu peux en te masturbant. Ou bien tu te fais violer. C'est arrivé dans la prison de Nantes à un jeune qui était seul et isolé. Si tu veux rester seul il faut être fort, sinon tu dois te faire des alliés. C'est ce que j'ai fait durant tous mes séjours en prison, je me mettais assez vite sous la protection d'un détenu qui avait une longue peine et de l'influence. Mais ce gosse-là, non, il n'avait pas d'amis, alors ils l'ont pris. Moi aussi on m'avait demandé si je voulais avoir des rapports avec des mecs, on te le demande toujours quand tu es jeune. Au début, c'est sous forme de rigolade, on te dit qu'on va te niquer ce soir, ça a l'apparence d'un jeu, mais tout le monde sait que c'est sérieux. Tu as peur, surtout lorsque les mecs insistent et que le jeu ne cesse pas vraiment. Si je n'avais pas eu d'alliés qui ont expliqué que personne ne me toucherait, si j'avais été seul comme le minot à Nantes et que l'on m'avait violé, je me serais battu et vengé, j'aurais tué. Sans rien dire, sans me plaindre, sans balancer celui qui s'en serait pris à moi, mais je lui aurais réglé son compte. Il n'y a pas pire que se faire sodomiser.

Ce qui est dur encore, c'est que tu ne choisis pas les gens. On te met avec n'importe qui en cellule ou bien n'importe qui peut venir, pour une nuit par exemple. Ça arrive avec des clochards, des mecs qui puent, qui ont bu et avec lesquels tu ne te sens rien de commun et ne veux rien partager. Mais ils vont vivre avec toi quelques heures ou des journées, tu n'as pas le choix, c'est du concubinage forcé. La propreté est essentielle en prison, du moins elle l'était pour moi. Quand tu passes vingt-trois heures sur vingt-quatre dans un petit espace qui sera le tien pendant longtemps, tu veux que ce soit propre, et pour cela il faut que les détenus qui partagent ton lieu soient propres. Vivre avec des clochards, des vantards ou d'autres guignols, c'est apprendre à vivre avec des gens que tu n'aimes pas. Ça ne s'oublie pas. Éventuellement, ça peut te servir pour après, ça te sert pour rester calme en toutes circonstances par exemple. Pour cela, la prison a du bon.

L'insupportable aussi, c'est la dépendance. On ne s'occupera jamais autant de toi qu'en prison. Tu n'es rien, tu dépends totalement des autres, on t'assiste pour tout. On t'ouvre les portes, tu fais si peu le geste de toucher une poignée que tu finis par l'oublier, d'ailleurs il n'y a pas de poignées, on te fait passer, on ferme derrière toi, on t'apporte à manger, on enlève les restes de ton repas, on t'amène ton courrier, on t'ouvre les grilles pour aller en promenade, on te fait tourner. À force de ne rien faire de toi, ça ne s'arrange pas dans ta tête. Tu es encore plus dégoûté, révolté contre ceux qui t'infligent ça et que tu mets tous dans un même paquet.

Par contre, tu rencontres des gens que tu n'oublieras pas. Des mecs qui ont monté de belles affaires et réussi de grands coups. Ils te parleront peu de ce qu'ils ont fait mais tu finis par l'apprendre et tu rêves de devenir leur allié.

Tu t'aperçois que plus un mec monte dans la hiérarchie de la délinquance, c'est-à-dire plus il est voyou et malhonnête dans le monde de dehors, plus il est sympa et correct, plus il a de principes et de règles. Ce sont les petits qui baratinent, qui parlent mal et se battent. Mais ceux qui partent pour dix ans, c'est différent. Ils ressemblent aux gangsters que tu vois à la télé, t'as pas trop intérêt à les bluffer et si tu es bien avec eux, alors tu découvres des gens solidaires qui ont le cœur sur la main. Je trouvais qu'ils parlaient bien, ils disaient des choses qui me semblaient justes sur la société, sur la politique et sur ceux qui ont du pouvoir. Ils savaient analyser le monde du dehors, son fonctionnement, et montrer pourquoi on pouvait considérer que ce monde n'était pas si honnête.

C'était des héros pour moi, des mecs qui avaient fait un choix et qui s'y tenaient. J'ai le souvenir particulier de l'un d'eux, un braqueur de la banlieue sud qui partait en affaires dans le périmètre d'Évry ou de Ris-Orangis. Il était dans la même cellule qu'un vieux, un bonhomme de cinquante ans spécialiste des coffres-forts. C'était des gens passionnants avec une histoire délinquante riche. Le vieux ne faisait que les usines, il en repérait une, s'installait dans un hôtel proche pour monter son affaire et opérait la nuit.

Ces gens qui t'ont marqué, tu chercheras à les revoir quand tu sortiras. Ce sont eux qui t'ont accompagné pendant des mois ou des années. Les revoir, c'est revoir ton passé, que les gens de l'extérieur ont du mal à imaginer. Ce doit être pareil pour ceux qui ont fait la guerre et qui ont besoin de se retrouver pour faire lien avec leur histoire.

Les gars les plus étonnants ou les plus pittoresques, je les ai rencontrés aux Baumettes, la prison du milieu marseillais. J'y resterai cinq mois et demi, de mai à octobre 1985, quelque temps après mon retour d'Algérie quand je me ferai prendre. Les cellules sont sur plusieurs étages et plus tu montes, plus tu es avec du gros calibre.

L'un d'eux m'avait proposé de partager sa cellule avec lui. La vie des détenus des étages supérieurs n'avait rien à voir avec celle des occupants des coursives d'en bas. Là-haut, gardiens et prisonniers se connaissaient et s'estimaient. On pouvait prendre une douche quand on voulait, faire de la bonne cuisine, le règlement n'était quasiment plus appliqué. Je crois que ce type m'avait emmené parce qu'il me trouvait simple, humble et discret. Je ne m'étonnais de rien, écoutais quand on me parlait, désirais peu et ne m'énervais jamais. Je savais rester calme, poli, posé.

J'ai rencontré et apprécié des tueurs à Marseille, notamment le type accusé d'avoir descendu sept personnes lors de la fameuse tuerie du Sofitel d'Avignon. La plupart du temps, les détenus qui avaient de grosses peines ou bien les vrais truands ne parlaient jamais de leur affaire, mais la sienne on la connaissait. Que ce type ait tué sept personnes, à condition que ce soit vrai car l'affaire n'a pas été jugée, ça ne me regardait pas. C'était son histoire, il avait ses raisons, je ne lui poserai jamais aucune question. Encore aujourd'hui je pense ainsi, je ne dis jamais aux délinquants ou aux voyous que je rencontre qu'ils ont tort, je ne les juge pas non plus, j'essaie seulement de comprendre leurs raisons et de faire en sorte qu'ils les comprennent eux-mêmes. Je leur dis surtout que s'ils sont ou s'ils veulent être délinquants, c'est parce qu'ils l'ont voulu et choisi. Qu'ils ne l'oublient jamais et s'attendent à en payer le prix.

C'est difficile de faire comprendre le monde des truands à ceux qui n'en ont pas été. Je ne peux nier mon attirance pour ces hommes droits et discrets, les personnes les plus fiables et les plus honnêtes que j'aie jamais rencontrées. Je pousserai cette passion jusqu'à acheter avec un copain, des années plus tard, l'ancienne maison de Pierrot le Fou, sur l'île de Limay. Pierrot, c'était le gang des tractions avant, l'ennemi public n° 1 d'après-guerre, plusieurs films ont été faits sur lui et j'ai lu des livres sur sa vie. On a acheté la maison à un Corse, cela m'a fait rêver, la Corse, le milieu, j'étais dedans. Pierrot mourra dans cette maison à la suite d'une blessure dans un braquage. Ses amis le ramèneront chez lui et l'enterreront dans le jardin, entre deux saules pleureurs, à côté de sa femme, qu'ils tueront parce qu'elle menaçait de les dénoncer. Sa mort est restée inconnue pendant au moins trois ans, les flics l'ignoraient, et à chaque fois qu'il y avait un coup on le mettait sur le compte de Pierrot, qui reposait pourtant sur un bras de Seine, entre deux arbres.

Ma dernière peine, je la ferai au centre de détention de Liancourt, dans l'Oise. J'y resterai environ trois ans, jusqu'en 1987. C'était bien, Liancourt, c'était presque la liberté par rapport aux autres prisons. Dans un centre de détention, les cellules ne sont pas fermées, tu peux aller et venir comme tu veux dans la journée, regarder la télé, passer des heures à la bibliothèque, boire le café chez l'un ou manger chez l'autre, faire du sport. Le sport, c'était devenu une drogue, je courais quinze à vingt kilomètres tous les matins, on m'encourageait, j'étais bon.

L'après-midi j'étudiais. J'ai passé plusieurs diplômes, le certificat de formation générale, mon CAP de comptabilité et celui d'employé de bureau, celui-là même que mon père n'avait pas voulu que je prépare, au moment où je devais chercher à m'orienter, parce qu'il trouvait que c'était un métier de femme.

Employé de bureau pourtant, à cette époque, ça me faisait rêver, pour moi c'était l'antithèse de ce que mon père faisait, c'était un métier propre dans lequel tu avais du pouvoir. C'est dire si les nombreux employés que nous avions vus dans les services publics ou les administrations nous avaient impressionnés. On savait de quoi on parlait en évoquant leur pouvoir.

Pour le CFG, on avait école deux fois par semaine, deux heures l'après-midi, on se retrouvait entre voyous, assis sur des chaises d'écolier, devant des petites tables, l'œil rivé sur le tableau noir. Les deux CAP, j'ai pu les passer grâce à des livres que mes frères m'envoyaient, je ne connaissais absolument rien à la compta mais j'ai appris, une leçon chaque jour, que je refaisais jusqu'à ce que ça rentre. À Liancourt, j'ai également monté une association avec un des profs qui venaient nous faire cours, on a fait un journal dans lequel j'ai écrit mes premiers textes sur la réinsertion, première étape de ce que serait plus tard mon parcours de militant.

Je pourrais dire que les quatre années passées en prison ont été perdues ou inutiles mais ce ne serait pas juste. J'y ai appris. Le contrôle, le calme, la patience, ainsi qu'accepter de vivre avec des gens différents de toi et que tu n'aimes pas. J'ai appris la force aussi, combien de fois ai-je réussi à être plus fort que moi pour ne pas me battre. En prison, tu apprends à parler avec toi. Finalement, tu constates que si tu es bien dans ta tête, alors tu fais bien la prison. Si tu es mal, tu la fais mal.

J'ai appris aussi que je pouvais être heureux. Même là. J'ai été un mec heureux en prison, on me le faisait souvent remarquer. Je souriais tout le temps, j'étais de bonne humeur et arrivais à faire rire les gens, même ceux que je détestais. C'est essentiel d'être heureux en prison, les pas heureux parlent constamment de leur peine, de la vie dehors, de leurs manques, comme s'ils voulaient zapper et se sortir du présent. Ils se plaignent de la bouffe, par exemple, alors que moi je mangeais. Pas pour la qualité mais pour me nourrir. Accepter ce qu'on te donne à bouffer, c'est cela, aussi, être simple. Je mangeais tant qu'on m'appelait Gargamel ou Poubelle de table. Manger, c'était vivre, c'était rire et faire rire, ne jamais disparaître aux yeux de l'autre.

Peut-être pourrait-on dire que j'acceptais trop, mais je savais à l'intérieur de moi que pour mener des combats il fallait que je sois fort, il fallait que je dure, il fallait que je sorte. J'avais fait le choix de revenir en France pour devenir un citoyen français. Pour cela, j'avais quitté mon village de Kabylie, j'avais laissé ma famille et quatre ans de ma vie.

ALGÉRIE

C'EST L'AUTRE SUJET QU'ON N'ABORDAIT PAS DANS LA bande, l'Algérie, « notre » pays. Qu'est-ce qu'on aurait pu dire ? La plupart d'entre nous étaient nés en France, certains au Val-Fourré, d'autres y étaient arrivés tout petits. En plus on n'était pas tous algériens, il y avait des Marocains et des Tunisiens parmi nous, il y avait aussi des fils de harkis, considérés par certains comme des traîtres, en toile de fond il y avait la colonisation, la guerre, l'immigration, bref, rien de très palpitant à évoquer, ou que des choses qui pouvaient gêner.

L'Algérie, en plus, c'était nos parents, tellement proche pour eux, pour nous lointaine et étrangère. Ce qui concernait nos parents n'était pas attirant, et le peu d'histoire que l'on savait sur ce pays nous ramenait invariablement à son infériorité par rapport à la France. Qu'est-ce qui dans la vie ou le parcours de nos aînés aurait pu nous donner de la fierté ? Qu'ils aient courbé l'échine sur les terres des colons ? Qu'ils aient été esclaves, comme j'entendrai plus tard dans mon village ? Même la guerre qu'ils avaient menée et l'indépendance qu'ils avaient conquise, ou qu'on leur avait octroyée, ne nous rendaient pas plus fiers. L'indépendance de l'Algérie m'a toujours paru quelque chose de normal, ce que je comprends moins en revanche, c'est qu'il a fallu sept ans de guerre pour l'obtenir. Cela signifiait que tous les Algériens ne voulaient pas l'indépendance. Nos pères n'ont rien fait d'extraordinaire, surtout les immigrés qui vivaient en France alors qu'on se battait chez eux et que c'est là-bas qu'ils auraient dû être. C'est comme si les Français avaient vécu et travaillé en Allemagne pendant l'occupation de leur pays. La seule raison pour laquelle ils pouvaient y être, c'était d'être prisonniers, or les Algériens immigrés n'ont jamais été prisonniers en France.

Jusqu'à ma fuite après ma cavale, je n'y avais jamais mis les pieds. Seuls mon frère et ma sœur aînés y étaient allés en vacances avec mes parents. Ma sœur y avait aussi fait un séjour forcé. À une époque où mon père trouvait qu'elle sortait un peu trop, il l'avait envoyée dans sa famille, au village, elle devait avoir seize ans. Elle est restée un an, a pu un peu enseigner à l'école du village, mais elle se sentait mal, pleurait sans cesse et voulait rentrer. Ma mère a persuadé mon père de la ramener, il l'a fait et, sitôt arrivée, l'a mariée. Ma sœur a accepté, si tant est qu'elle ait eu le choix, parce que ça lui permettait de quitter la maison. Elle passera quelques mois chez ses beaux-parents à Maisons-Laffitte, j'ignore comment mon père les avait rencontrés. Dans sa belle-famille, elle retrouvera la même vie qu'en Algérie, elle n'a pas le droit de sortir, se sent mal, pleure, se prend quelques coups, tombe enceinte et revient à la maison. Mon père ne dira jamais rien à ce sujet. A-t-il regretté ce qui pour lui était le signe d'un échec ? C'est cela aussi l'Algérie, ne pas parler de ce qui blesse à cause de la fierté, garder ses blessures et se fermer.

La seule chose où l'on se risquait dans la bande à ce sujet, c'était d'évoquer nos origines kabyles, pour ceux qui l'étaient. Là on avait de quoi relever la tête, la Kabylie, les Berbères, peuple fier, premiers habitants du pays. La Kabylie et ses chanteurs, ses écrivains, ses poètes. Les Kabyles, premiers arrivés en France, car les premiers à crever de faim, mais mieux insérés et davantage intégrés. Mais ça n'allait pas beaucoup plus loin et on avait du mal à s'y retrouver. On se sentait arabes, on était algériens, on se proclamait berbères, on vivait comme des Français, tout cela sans beaucoup de cohérence. Sans doute qu'on s'en foutait.

Je mets pour la première fois le pied en Algérie en juin 1981, après la mort de Boxeur et ma cavale dans le Gard. Je n'ai pas réellement choisi, mais l'armée algérienne m'avait appelé, j'étais recherché, isolé, sans argent, soit je partais, soit je tombais.

À Marseille je prends un train pour Rome, et de là un avion pour Alger. Ma mère avait prévenu ma famille, on m'attendait, un cousin est venu me chercher à l'aéroport. Ce qui m'a le plus étonné, tandis que je suivais ce cousin dont je m'escrimais à chercher de qui il pouvait bien être le fils ou le frère pour tenter de me repérer dans la famille, c'était de voir des Algériens partout. Des Algériens normaux, mais aussi des Algériens dans les bureaux, à la douane, des Algériens flics et même des pilotes d'avion. Les seuls métiers que je les avais vus exercer jusqu'à présent, c'était au mieux OS, chauffeur, balayeur, alors, que certains d'entre eux puissent être pilotes, je ne pouvais l'imaginer. Cette sensation a duré plusieurs jours, chaque fois que je découvrais un Algérien occupant une fonction différente, facteur, employé dans une administration, journaliste, ministre. Et même président.

J'ai été accueilli par la famille de ma mère qui vit à Alger. Le mot « accueillir » est faible, ça n'a aucune commune mesure avec ce que l'on connaît en France. T'accueillir chez nous, c'est t'embrasser, te prendre dans les bras, te toucher et surtout, surtout, te faire manger. Tu dois manger, on veut te voir grossir, signe que tu es en bonne santé, quelqu'un qui est maigre est malade chez nous. Pour digérer, j'allais découvrir la ville. Elle était noire de monde et sale. Des monceaux de détritus jonchaient le sol, des rats passaient, des gens crachaient par terre ou jetaient leur chique usée. Il y avait beaucoup de bruit, des coups de Klaxon, des cris et les coups de sifflet des flics qui parlent et t'engueulent sans lâcher leur sifflet. Il y a énormément de monde dans les rues, surtout des hommes, moins de femmes, et beaucoup sont voilées. Lorsque tu viens de France et que tu es habitué aux règles de sécurité qui te paraissent évidentes et banales, tu peux paniquer. Les voitures ne s'arrêtent pas au feu et se garent approximativement, les flics bousculent les gens pour les faire traverser ou les menacent, les trains partent les portes ouvertes, tu croises beaucoup d'handicapés.

Durant ces premiers jours dans « mon » pays, mes pas me ramenaient régulièrement vers le port et les bateaux, vers la Méditerranée et la France que j'imaginais de l'autre côté. J'en avais déjà la nostalgie.

Mon père est arrivé peu après avec des valises contenant mes affaires. Il vient vers moi les bras ouverts, me serre contre lui, m'embrasse, ne me dit rien sur la mort de Nasser, la cavale et les articles dans les journaux. Je ne l'ai jamais vu aussi heureux et fier. On se dirige vers la gare centrale où sont les taxis qui partent dans les villages. Nous roulons six ou sept heures jusqu'à Bougaa, le village de ma mère, où vit l'une des sœurs de mon père. Il frappe à la porte d'une maison, et une brochette d'oncles, de tantes, de cousins vient m'embrasser. Je ne sais pas qui est qui et n'ose rien demander à mon père, qui m'engueulerait. Ils sont beaucoup à vivre là, ma tante, ses frères, les femmes de ses frères, ses sœurs, les maris de ses sœurs, et les enfants. On s'empresse autour de moi, on m'embrasse, on me touche, on vérifie que je suis entier, on me loue d'être vivant. Durant plusieurs jours, de village en village, je me laisserai embrasser des centaines de fois, sur le front, sur la joue, sur la main, et me laisserai prendre dans des dizaines de bras.

On arrive à Tizi n'Braham, le village de mon père, situé à environ trois cents kilomètres d'Alger et cinquante de la mer, perché à mille deux cents mètres d'altitude. On arrive dans sa maison, la neuve, celle qu'il avait fait construire depuis 1978 et payait régulièrement, mais comme tous les habitants on avait aussi une vieille maison, qui se trouvait en bas, dans la vallée. Au fur et à mesure que la route a été construite et l'électricité arrivée, le village est monté. La vieille maison est tout en pierres, avec une seule pièce d'habitation près de la pièce pour les moutons. La maison neuve est de type européen, sur deux niveaux avec un grand sous-sol, quatre pièces de vie et une salle d'eau.

Je choisis ma chambre et l'on s'installe. Pendant des semaines, il y aura du monde chez nous et des défilés incessants. On nous apporte du lait, des fromages, du raisin, des melons, de la viande de mouton, et sans arrêt nous allons visiter la famille. Un jour nous y descendons, il y a toujours plein de monde, comme dans une école, avec des gens nouveaux qui déboulent chaque fois, je n'arrive pas encore à m'y retrouver. Ce soir-là, je remarque qu'une femme me regarde plus que les autres, elle me fixe, m'embrasse, me regarde encore. Lorsqu'on rentre je demande à mon père qui est cette femme qui me regarde de façon insistante, je la lui décris, et quand mon père voit qui c'est, il me crie dessus et me dit que je devrais avoir honte puisque c'est de ma sœur qu'il s'agit, enfant issue de son premier mariage avec une femme que je n'ai pas connue.

Les seuls que j'arrive à reconnaître sont les pères de famille qui comme le mien ont émigré en France et reviennent chez eux pour les vacances. Je suis heureux de les voir parce qu'ils viennent de là-bas et parlent la langue. Ces hommes absents, durant l'année ce sont les femmes et les vieux qui restent au village. Les femmes ont un petit lopin de terre ou un jardin qu'elles entretiennent, mais elles vivent sur l'argent que leur envoient leurs maris. Sauf l'hiver, où la neige bloque tout, la vie se passe essentiellement dehors au village. Et dès que tu croises quelqu'un tu dois le saluer. Je m'y suis mis aussi, je disais bonjour en arabe, mal, tout le monde se retournait sur mon passage, beaucoup riaient. Tout le monde, sauf les femmes, qui ne sortent pas. Tu vois des fillettes jusqu'à l'âge de treize ou quatorze ans à Tizi, et un jour une gamine que tu avais vue la veille ou l'avant-veille et même tous les jours, tu ne la vois plus. Elle est devenue femme, cela veut dire qu'elle est rentrée et ne ressortira pas. Dans les rues, les groupes d'âge sont mélangés, les gosses tournent autour des vieux, les jeunes discutent avec eux, tu ne vois pas ça en France. Tu ne vois pas non plus les marques de respect. À partir du moment où quelqu'un est plus vieux que toi, même si la différence est infime, tu lui dois le respect. Cela veut dire que tu dois le laisser parler, tu dois t'effacer pour le laisser passer, tu dois lui céder ta place. Ça se fait sans y penser, ça ne se réfléchit pas, moi aussi j'agirai comme ça.

Fin juillet, quelques jours après l'arrivée de ma mère, je me présente au bureau de recrutement de l'armée. Je montre mon diplôme de mécanicien auto et surtout le bac en électrotechnique de mon frère, que j'avais pris soin de lui emprunter, et l'on m'affecte à l'école d'officiers de Blida, à cinquante kilomètres au sud d'Alger. L'accueil que l'on m'y réserve est excellent, parce que je suis un immigré. C'est étrange ce que les Algériens ressentent à leur égard, il y a eu la guerre et pourtant la France est aimée. Peut-être parce que c'est un pays riche et un pays de liberté. De liberté sexuelle notamment, qui n'existe pas en Algérie, où c'est plutôt une véritable misère sur ce plan-là. C'est très dur de sortir avec des copines et d'avoir une aventure là-bas ; si tu te pointes dans un hôtel avec une fille par exemple, on te demandera de présenter ton livret de famille pour vérifier qu'elle est bien ta femme.

L'instruction dure six mois. Elle était très dure mais j'ai aimé ça. On se levait à cinq heures du matin pour aller courir une demi-heure, puis après le déjeuner commençaient les gardes et les corvées. Durant cette période et même après, je fréquenterai peu les Algériens. Je me retrouve naturellement avec les immigrés, on forme un groupe qui marche tout le temps ensemble. Souvent même on se moque des Algériens, on se sent si différents. Eux parlent des moutons, du village, des récoltes, des matériaux pour construire les maisons, parfois de la politique algérienne. Nous on parle musique, filles, boîtes de nuit, Paris. Nos deux mondes ne se croisent pas. Lorsqu'on se retrouve en civil, on sait parfaitement distinguer un Algérien d'un immigré. Le premier met un pantalon de toile ou de Tergal avec une veste et une chemise, tous vêtements faits chez lui. Nous on porte des survêtements et des marques. Les deux groupes ne se comprennent pas. Depuis mon arrivée, j'ai bien réussi à glaner ici et là quelques mots d'arabe mais pas suffisamment pour tenir une discussion. Quant aux jeunes Algériens, ils comprennent le français mais pour en rajouter et pour les emmerder, on se parlait en argot ou en verlan entre nous. En perm, on continue à rester ensemble, entre immigrés. Je vais bien un peu voir ma famille à Alger, mais très vite je sors pour retrouver les copains qui la plupart du temps zonent autour de la grande poste, là où sont les lignes internationales, là où le lien avec la France se fait. Près de cette poste, je retrouverai même des copains du Val-Fourré, venus eux aussi faire l'armée, puisque tous les quatre mois un nouveau contingent est appelé. On passait l'après-midi dans des salons de thé, à boire du café ou manger des glaces, il y a très peu de bars en Algérie ou alors des bars fermés dans lesquels tu n'entres pas. Le soir, il n'y avait pas grand-chose à faire, on retournait dans nos familles pour se coucher.

Ce qui manquait bien sûr, ce qui a toujours manqué lors de mon séjour là-bas, c'était les filles. On ne pouvait en rencontrer aucune, je l'ai dit, alors on se débrouillait avec les prostituées des bordels implantés près des casernes. Il y en avait un à Blida mais je n'y suis jamais allé. Je l'ai fait une fois, au cours d'un séjour à la caserne de Bechar où j'étais allé pour une compétition d'athlétisme. Là j'étais sûr que personne ne me connaissait, alors j'ai fait la chaîne, ça a duré un quart d'heure et je suis reparti. C'est honteux de faire ça, encore plus d'en parler.

Après l'instruction, je suis affecté comme enseignant en technique auto à Reghaia, dans une école militaire mixte et francisante, c'est-à-dire avec des jeunes Algériens qui ont fait leurs études en français. Ça m'allait bien, sauf que, pour des raisons que je ne réussis toujours pas à comprendre, les ordres devaient se donner en arabe, et là c'était plutôt comique. Très vite on m'a appelé le Français ou l'immigré, ça ne me déplaisait pas, au contraire ça montrait ma différence. Car finalement je ne me sentais proche de personne.

Bien sûr, je faisais plutôt partie du groupe des immigrés, mais la plupart étaient étudiants, ingénieurs par exemple. Moi j'étais voleur et taulard, et même s'ils m'aimaient bien et si l'on rigolait ensemble, on avait eu des vies trop différentes pour avoir quelque chose à partager. De l'autre côté, je me sentais très loin des Algériens. Déjà, au sein de ma propre famille, les différences existaient et parfois se creusaient. On se parlait, mais toujours superficiellement, on n'évoquait que les choses de surface. Ainsi en quatre ans, durée de mon séjour, pas une fois je n'évoquerai avec mes parents ou avec ma famille mon passé de taulard et de délinquant. Pas une question ne me sera posée sur mes affaires, ma cavale, ma fuite et la mort de mon ami. Pas une fois non plus nous n'aborderons l'avenir, pour savoir comment je comptais dorénavant diriger ma vie.

Cette sensation d'être étranger au milieu des miens, je l'aurais de façon forte lorsque je retournerai à Tizi, le village de mon père, après l'armée. Mes copains immigrés repartaient en France, ils avaient tous leur billet d'avion, pas un ne l'aurait abîmé ou égaré tellement ils étaient contents de foutre le camp. C'est l'été, ma famille m'accueille, je fais régulièrement des séjours à Alger, parle mieux la langue et commence à m'habituer à la vie algérienne. Mais je ne suis pas chez moi et je n'oublie pas la France.

Celui qui me fait tenir et me pousse à rester, c'est mon père. Il est âgé, fou de bonheur d'avoir un de ses fils dans la maison de son village, alors je décide de ne pas partir, je le fais pour lui, et j'ouvre un garage au sous-sol de la maison. À chaque fois qu'il revient de France, mon père, ou un autre membre de ma famille, me rapporte des outils. Je travaille vraiment, les gens de Tizi ou des villages voisins m'amènent leur voiture à réparer, souvent pour un rien, une panne toute bête dont ils auraient pu rapidement trouver eux-mêmes l'origine. Mais c'est moi le mécanicien, et pas n'importe lequel puisque j'ai un diplôme français, c'est donc moi le magicien. On n'en sort pas. Malgré tout, malgré la colonisation, la guerre, les vingt années d'indépendance, les Français sont considérés comme plus instruits et plus capables que les Algériens. C'est dans la tête, dans l'histoire, dans ce vieil atavisme d'infériorité que le Noir et l'Arabe éprouvent à l'égard du Blanc et de l'Européen.

Immigré, officier, mécanicien, je suis vite devenu un beau parti. Le rêve de beaucoup d'Algériennes était d'épouser des immigrés pour venir vivre en France. Alors pendant plusieurs semaines, plusieurs mois, j'ai été effrontément dragué, poursuivi de mille assiduités et plusieurs fois demandé en mariage. Les parents poussaient leur fille vers moi en me faisant remarquer qu'elle était belle ou qu'elle était allée à l'école et on m'invitait à manger dans l'unique but de me faire servir par la fille de la maison. Ma mère aussi jouait ce jeu-là, car elle ne voulait pas que je rentre en France. J'ai un peu hésité. Aux moments où mon père était absent et où j'étais seul dans la maison, je me suis demandé si ce ne serait pas une bonne chose d'avoir une femme. Mais ça ne durait jamais longtemps, car mes désirs et mes rêves étaient en France, et je ne m'imaginais pas vivre ailleurs.

Lorsque je pensais à tout cela, mon retour en France et ma vie future, j'avais envie d'être seul, du coup je n'ouvrais pas toujours lorsqu'on frappait à la porte de la maison. Car chez nous on vient te voir comme ça, sans te le dire et pour rien de spécial. J'en ai eu des gens qui sont venus me visiter et sont restés assis en face de moi sans me parler. On se tient comme ça l'un en face de l'autre, on ne se comprend pas et même si ça avait été le cas, de quoi aurions-nous parlé ? De temps en temps on se fait un sourire, puis on baisse la tête et on regarde ailleurs, puis de nouveau on se sourit, ça peut durer des heures. On n'aimait pas bien à Tizi que je reste seul, ça ne fait pas trop partie de notre culture, chez nous tu es toujours avec d'autres. Mais j'aspirais à être seul, alors je fermais les fenêtres et les volets pour écouter de la musique funk ou Johnny Hallyday.

Peu après, je me suis mis à peindre. J'avais envie de faire quelque chose dans cette maison, quelque chose qui me ressemble et porte ma marque, quelque chose avec mes mains. C'est en voyant ces murs blancs que je me suis décidé. Je suis allé acheter du papier et de la gouache dans une épicerie au village, j'ai regardé des cartes postales pour voir comment c'était fait, et j'ai commencé. J'ai peint des choses du village, une maison, une femme en costume, deux vieux qui se parlent, je peignais sur une toile par terre et, quand j'avais fini, le menuisier me faisait des cadres.

Au début, les gens ont été surpris, puis ils ont trouvé ça bien, ils n'avaient jamais vu quelqu'un peindre, ils n'avaient même jamais vu de toile. Mais c'était l'immigré qui peignait, alors c'était normal. Le même immigré qui peu à peu s'amusera à récupérer de vieux objets dans les vieilles maisons du bas. J'ai découvert des trésors dans ces maisons abandonnées, une vieille amphore, un coffre en bois, des pots de terre cuite. Tout le monde se moquait de moi et disait : « C'est de la merde ce que tu ramènes là », mais finalement les habitants n'étaient pas mécontents car cela les confortait dans l'idée que j'étais bien un Français, c'est-à-dire quelqu'un de différent et peut-être pas tout à fait normal. En revanche, si un garçon du village s'était mis en tête de peindre ou de récupérer de vieux objets, sa famille et le village entier auraient cessé de rire et ne l'auraient pas laissé faire.

Tu grandis et vis avec le regard de l'autre chez nous, et ce regard te suit. On parle beaucoup sur les autres dans le village, on parle surtout de ceux qui adoptent un comportement différent. On parlera de ceux de la ville par exemple, ou bien d'une femme qui ne s'habille plus pareil et s'est fait couper les cheveux. On dira d'elle qu'elle a changé et qu'elle ressemble à une Française. C'est dégradant pour une femme, car cela signifie qu'elle est sortie de sa culture.

Mais moi, j'étais d'abord un Français et mon père était un ancien du village, respecté, approuvé et souvent cité en exemple pour sa droiture et son honnêteté, alors on ne me dira jamais rien.

L'ancien mourra quelques semaines plus tard en France, à l'hôpital de Mantes, au cours de l'un de ces allers et retours qu'il ne cessait de faire entre les deux pays. Aussi, avec lui disparaissaient mon unique lien avec la France et mon unique raison de rester. Après l'avoir pleuré et enterré, je décide de quitter l'Algérie, quatre années se sont écoulées.

RACINES

JE SAVAIS QUE MON PÈRE ÉTAIT MALADE ET QU'IL ALLAIT mourir, je l'avais pleuré avant sa mort, le soir même de son départ pour la France, car j'étais sûr qu'il ne reviendrait pas. Je l'ai pleuré chez lui, dans son village, seul. Quelques jours après, je vois un attroupement de cousins près de la maison, qui regardent vers chez moi avec hésitation. Je devine qu'ils viennent m'annoncer la mort de mon père. Ils m'ont emmené chez ma sœur, qui pleurait, chez ma tante, qui pleurait, j'ai fait le tour de la famille en pleurs. On pleure énormément dans les pays arabes, surtout les femmes, pourtant si l'on se réfère au Coran on ne devrait pas.

J'ai commandé une pierre tombale à Sétif, préparé le garage pour que le corps puisse y reposer pendant qu'on le veillerait et suis allé chercher mon père à l'aéroport. Ma mère était là, avec mon frère aîné et deux de mes sœurs. Dans l'avion, il y avait aussi un copain du Val-Fourré qui ramenait également le corps de son père pour l'enterrer dans son village. La plupart des pères immigrés sont venus se faire enterrer chez eux.

On dépose le cercueil dans le garage, on le veille toute la nuit et le lendemain on le descend au cimetière du bas, où il n'y a que des Kherfi. Le village entier est présent, soit pas loin de mille personnes. Dans les enterrements musulmans, il y a un jour pour les hommes et un jour pour les femmes. Le premier jour, celui où l'on va mettre le corps en terre, est réservé aux hommes, les femmes ne descendent pas. On met le cercueil sur une 404 bâchée et les hommes, accompagnés des enfants, se dirigent vers le cimetière. Les femmes pleurent, il faut presque organiser un service d'ordre pour les retenir parce qu'elles veulent venir avec nous. Des cousins creusent la terre, déposent le cercueil et le recouvrent. Plus tard, on installera la pierre tombale, que l'on recouvre également de terre, et l'on posera des pierres debout, deux s'il s'agit d'un homme, une pour une femme, des pierres tournées vers La Mecque. Le lendemain, les femmes descendent à leur tour, accompagnées de quelques hommes qui doivent retenir celles qui sont en crise. Elles crient beaucoup. Sans doute qu'elles ne supportent pas la mort, la disparition de l'être aimé, peut-être aussi qu'elles laissent plus facilement s'exprimer leurs émotions tandis que les hommes ne le font pas. Ma mère était l'une de celles qui criaient le plus, il le fallait, c'était l'épouse du disparu.

Je l'ai dit, je ne sais quasiment rien de leur vie. Mon père est né « présumé 1911 », sur les papiers c'est comme ça que c'est écrit, on ne connaît pas la date exacte. Il est né à Tizi n'Braham mais n'a jamais connu ses parents, je suppose qu'eux-mêmes étaient du village et je ne connais d'eux que leurs prénoms, du moins les prénoms des pères puisque je m'appelle Yazid ben Seghir, ben Lakhdar, ben Saïd, mon père s'appelait Seghir, son père à lui Lakhdar et le père de Lakhdar, Saïd. C'est mon prénom complet, comme on est des centaines de Kherfi dans le village il fallait bien nous distinguer.

J'ignore par qui mon père a été élevé. Il a passé toute son enfance au village, n'est jamais allé à l'école – il n'y en avait pas – et ne saura jamais lire et écrire. Je suppose qu'il a dû très vite travailler dans les champs. Il récoltait le raisin et les figues, et faisait jusqu'à cinquante kilomètres, en pleine nuit, à pied, pour les vendre à Sétif. Il a gardé les moutons aussi. Je ne sais rien de plus sur lui. Il n'a jamais évoqué son enfance à la maison, nous ne lui avons pas posé de questions, et le peu que j'ai pu rassembler vient des cousins qui m'ont parlé de lui lorsque j'ai vécu au village. Mais c'est très peu. Je me souviens qu'ils me disaient que mon père était très fort à la bagarre. Je me prends à penser qu'il a peut-être été chef, lui.

Il partira en Allemagne en 1945, où il sera fait prisonnier. Mais comment et pourquoi il y est allé, ça, je ne sais pas. Je sais seulement, parce qu'il nous l'a dit, qu'il aimait bien les Allemands et qu'eux aimaient bien les Algériens parce que, disait mon père, les Allemands savaient que cette guerre n'était pas la nôtre et que nous n'étions là qu'à cause de la colonisation. Ensuite, il a sans doute dû retourner en Algérie puisqu'il s'est marié avec ma mère en 1946 ou 1947. Puis il est arrivé en France et a travaillé à Vaux-sur-Seine dans des carrières, avec plusieurs de ses cousins. En effet, dès que l'un d'eux arrivait, les autres rappliquaient. Je ne sais pas comment les Kherfi de Tizi n'Braham se sont un jour retrouvés à travailler dans les carrières de Vaux ou de Triel-sur-Seine. L'un d'eux a dû y aller en premier et les autres ont suivi. Est-ce que les employeurs français seraient directement venus les chercher au village ? On sait que ça s'est fait au Maroc, alors pourquoi pas en Kabylie.

Ces hommes immigrés vivaient dans des baraques, il n'y avait pas encore de foyers à ce moment-là. Ils étaient plusieurs cousins ensemble et se faisaient la gamelle, on dit que mon père se débrouillait très bien. C'est vrai qu'il a toujours bien fait à manger. Les fois où ça lui est arrivé à la maison, parce que ma mère n'était pas là, on mangeait nettement mieux que lorsque c'était elle qui cuisinait. Lui faisait des petits plats tandis que ma mère était abonnée aux grosses gamelles.

Pendant que leurs maris étaient en France, les femmes restaient au village, mais ma mère et une autre cousine ont fait quelque chose qui n'était pas loin de ressembler à une grève. Elles ont dit à leurs maris qu'elles ne voulaient plus rester seules et qu'il fallait qu'ils les emmènent avec eux. À l'époque, c'était plutôt gonflé puisque encore aujourd'hui une femme du village réfléchirait à deux fois avant d'exprimer un tel désir. À part quelques-uns en effet, dont mon père, les hommes n'ont jamais voulu que leur femme quitte l'Algérie, ils avaient trop peur de perdre le contrôle sur elles et craignaient qu'elles finissent par ressembler à des Françaises. Ils les voyaient donc une ou deux fois par an et pour le reste se débrouillaient, il y a toujours eu des bordels près des foyers d'immigrés. Quant aux femmes, j'imagine qu'elles restaient sans hommes. Elles n'auraient pu faire autrement à cause du contrôle qui s'exerçait sur elles. Encore aujourd'hui, elles ne sortent jamais seules et doivent toujours être accompagnées ; à Bougaa, le village de ma mère, il y a une rue pour les hommes et une rue pour les femmes. Je comprends ce contrôle des femmes mais ne l'approuve pas. Je crois que ce que craignent les hommes, c'est que leurs femmes s'instruisent et deviennent plus intelligentes qu'eux. C'est un drôle de gâchis car ainsi on maintient dans ce pays la moitié de la population en état de bêtise et d'inactivité, sauf dans les grandes villes, où les femmes connaissent un sort plus heureux.

Mais ma mère n'acceptera pas cela. Elle restera plusieurs années seule au village, de 1946 à 1954. Pendant cette période, mes parents, comme les autres, ne se voyaient que très rarement. Puis elle décrète qu'elle en a assez et arrivera un jour de 1954 dans une petite maison à Chanteloup-les-Vignes, à ce moment jolie bourgade des Yvelines, accompagnée de Djamila, le premier enfant de mon père, cette sœur que je ne reconnaîtrai pas.

Ce qu'a été la vie de ma mère avant cet épisode de la grève tient en peu de mots. Elle est née en 1933 à Bougaa, a perdu ses parents jeune et a été recueillie par quelqu'un de la famille, qui l'a placée pour travailler. Elle ne me l'a jamais vraiment dit, mais je pense qu'elle a tapé la misère, genre Cosette en Kabylie.

Je retournerai une deuxième fois en Algérie en mai 1993. Entre ces deux séjours, j'aurai fait trois ans de prison, un an d'assignation à résidence et commencé ma vie professionnelle et militante. J'y retourne dans une situation très différente de la première fois, je suis libre, français et muni de papiers. Je pars avec ma mère, c'est elle qui a tenu à m'accompagner. Je voulais revoir la famille et j'avais un peu la nostalgie de ce pays dont je découvrais qu'il était aussi le mien.

Aller en Algérie, c'était aller chez moi, sur ma terre, dans ma maison. Marcher sur des terres qui t'appartiennent, c'est quelque chose, déambuler dans un village où il n'y a que des Kherfi, c'est ramener toute ton histoire à toi, reprendre contact avec tes origines et redécouvrir tes racines. Je découvrais qu'en tant que fils d'immigré j'avais été coupé de tout cela, alors j'ai pris plaisir à me faire raconter notre histoire, la colonisation, le départ des plus vieux pour la guerre auprès des Français, le départ en France pour travailler et nourrir la famille, bref, tout ce dont mon père ne m'avait pas parlé.

De lui, les anciens du village évoquaient la fierté, la droiture, la rigueur et l'honnêteté. C'est un autre homme que je découvrais. Moi je l'avais connu se levant tôt et rentrant harassé, je l'avais vu se dépêtrer de multiples difficultés pour nourrir ses enfants, je l'ai vu dans la haine aussi, à l'égard de la France et de la vie qu'elle lui faisait, et il pouvait m'inspirer de la honte lorsqu'il se laissait aller à boire et que, l'alcool le rendant colérique, il criait sur ma mère et finissait par aller se coucher.

Je pensais que je devais m'occuper de la maison de mon père, c'était comme une mission pour moi. Dès mon arrivée je me lancerai dans les travaux, et depuis on met tous de l'argent dans cette maison, toute la famille de France. C'est facile pour nous avec le taux de change, mille francs français font environ quatorze mille francs en Algérie. L'immigré a été et est toujours le riche.

Surtout à cette période, où je trouvais que la vie était encore plus dure par rapport à ce que j'avais pu observer la première fois, pour les gens du village mais aussi pour ceux de la capitale. Je voyais qu'ils ne mangeaient pas de viande tous les jours, qu'il leur manquait beaucoup de produits de première nécessité et qu'ils ne trouvaient pas de ciment pour construire ou finir leurs maisons. L'Algérie pourrait être un pays riche, mais très peu travaillent la terre ou exploitent le sol parce qu'on gagne bien mieux sa vie en travaillant au noir qu'en étant honnête. Un taxi clandestin gagne plus d'argent qu'un ingénieur ou un médecin payés par l'État, c'est pareil pour un mécanicien auto ou un maçon, ce sont des rois là-bas, alors tout le monde préfère faire ce genre de boulot plutôt que s'engager dans des études. Même à Tizi, alors qu'à l'origine les Kherfi étaient éleveurs et cultivateurs, la plupart de ceux qui ont des terres construisent des maisons et les louent pour en faire des lieux d'habitation ou des commerces. Ce sont les pères immigrés, revenus avec des devises et des camions, qui leur ont permis de transporter la terre pour construire. Ce sont ces pères immigrés riches qui ont transformé le village. L'immigré, en France et pour les Français, semble toujours gagner une misère, mais quand il envoie cette misère chez lui et que l'argent est changé, alors l'immigré est un homme riche qui peut facilement faire vivre sa famille. C'est pour ça qu'un immigré acceptera un boulot très mal payé en France, il regardera ce que ça fait pour chez lui.

La vie à Alger n'avait pas beaucoup changé, je trouvais même qu'elle avait empiré. Le plus frappant, c'était la saleté. Cela ne signifie pas que les gens sont sales, bien au contraire, la propreté est fondamentale pour les Arabes, mais rien n'est fait pour déposer et ramasser les déchets. Il y a peu de vide-ordures, les collectes n'existent pas ou très peu, alors les déchets s'entassent. De la même façon, beaucoup de chantiers ne se terminent jamais, les travaux sont laissés en plan faute de matériaux ou d'argent. Car la plupart des produits ou des denrées viennent de France, or ce qui vient de France est cher. L'Algérie, on le sait, a fondé tout son développement sur le pétrole et sur les aides qu'elle reçoit, le reste a été négligé ; alors quand la crise est arrivée elle l'a subie de plein fouet.

Je ferai un troisième séjour en mai 1999 avec ma femme et ma fille. Nous resterons un mois. Ma femme y était déjà allée enfant, mais elle en gardait un mauvais souvenir parce qu'elle n'avait pas été bien vue en tant que Française. Elle vient de la grande Kabylie, une ville qui s'appelle Tizi Ouzou.

Nous sommes directement arrivés à Bejaïa, soit à deux cents kilomètres de Tizi Ouzou. Elle a tellement aimé ce séjour qu'elle a dit que ce serait bien de construire une maison au bord de la mer. Bejaïa est un lieu magnifique, on a la montagne dans le dos, la mer devant nous, et c'est une grande ville par rapport à nos villages, les femmes peuvent se mettre en maillot et se baigner. Quant à ma petite, elle s'y est tout de suite faite. Il est vrai que les gosses n'ont pas de problèmes de langue, eux, et puis elle était attendue par les autres enfants parce qu'elle venait de France. L'accueil que nous avons reçu est à peine imaginable, mais je suis persuadé que si un Français ou une Française venait au village il serait encore mieux accueilli que nous ne l'avons été. On en fera toujours plus pour eux, sans doute pour donner une belle image et prouver quelque chose. La France reste le pays magique, riche, libre et peuplé de gens instruits.

La grande nouveauté durant ce dernier séjour, c'était l'intégrisme. Je l'avais déjà senti en 1993, où j'avais pu assister à la première grande manifestation des islamistes, mais en 1999 leur présence était quotidienne et dangereuse. Ma mère s'était déjà fait embêter, l'année auparavant. Elle était seule dans la maison et des hommes sont venus, elle a crié, alors les hommes du village sont sortis avec leurs armes de chasse. Durant notre séjour avec ma femme, on redoutait l'arrivée des barbus. La nuit, je fermais tout et déposais des couteaux à plusieurs endroits de la maison pour me battre s'il l'avait fallu. Même s'il n'y avait jamais eu aucun massacre dans le village, nous étions extrêmement prudents, surtout en tant qu'immigrés, qui sont davantage visés.

Il y a plusieurs années, j'ai fait le choix de revenir en France et d'être français, mais j'aimerais aussi avoir une existence en Algérie. Acheter une maison mais peut-être aussi une affaire, que je ferai tourner et dont l'argent me servirait à aider la famille. J'aimerais aussi faire des choses dans le village, donner un coup de main à la ville, m'occuper des jeunes, bref, en plus du citoyen français que je suis, être aussi citoyen en Algérie.

Peut-être jamais aucun de ces projets ne verra-t-il le jour, mais quoi qu'il en soit je retournerai en Algérie. À la fin. C'est là-bas que je voudrais mourir, c'est sur mes terres que je voudrais reposer.

FRANÇAIS – ARABE

J'INSISTE SUR LE FAIT QU'ÊTRE FRANÇAIS ET ÊTRE ARABE ce n'est pas la même chose, c'est avoir deux cultures différentes. C'est au niveau des attitudes surtout qu'on le voit. Quelqu'un qui entre dans une famille arabe ne reste jamais à la porte et sera toujours invité à boire ou à manger quelle que soit l'heure à laquelle il vient. Et si tu manges, la personne mange forcément avec toi, et si elle refuse c'est toi qui es gêné. Les Français ne font pas ça. Quand on était gosses et qu'on allait chercher des copains français, on restait devant la porte. Mais quand eux venaient nous chercher, ma mère les faisait entrer et leur donnait des bonbons. La porte s'ouvre toujours chez nous, même le geste est différent, on ne laisse jamais une porte entrebâillée, on l'ouvre en grand. C'est comme un moulin dans nos foyers et pourtant l'intérieur des maisons, l'intimité des familles, c'est sacré.

Il y a des choses qui dans la culture française passent mal pour nous. Par exemple, un couple français peut se montrer ensemble, s'embrasser sur la bouche, chez nous c'est presque un sacrilège, tu peux te faire insulter pour ça. Moi je ne le fais jamais, je ne tiens jamais la main de ma femme devant tout le monde. Quand je suis en ville, loin de chez moi, oui, mais quand il y a des Arabes autour de nous ou de la famille, je ne le fais pas. On m'a toujours dit que ça ne se faisait pas. C'est de l'ordre de l'intime et du privé.

Tout ce qui relève de l'affectif, du sentiment ou de l'amour, c'est compliqué. Les parents français acceptent facilement que leurs enfants amènent leurs petites copines ou leurs petits copains chez eux. C'est difficile d'expliquer pourquoi, mais ça ne peut pas se faire chez nous. Déjà quand j'étais jeune, ça me choquait. Je suis resté plusieurs mois avec une Française quand j'avais vingt ans. J'allais chez elle comme je voulais, et je restais. Sa mère trouvait ça normal, il est vrai qu'elle était séparée du père de sa fille et qu'elle-même amenait ses amis à la maison. Derrière cela, il y a le problème de la virginité, qui reste fondamental pour un Arabe ou pour un musulman. On peut épouser une fille qui a connu des hommes avant de se marier, on fermera les yeux à condition que ça reste discret. Mais c'est important de connaître l'histoire de sa femme, de savoir d'où elle vient et qui elle est, et si tu découvres qu'elle a connu d'autres garçons avant toi, ce sera plus dur, et pour certains ça pourra peser dans leur choix.

Je sais depuis longtemps que je n'aurais pas pu épouser une Française. D'abord parce que je ne suis pas sûr que sa famille m'aurait accepté et aimé. Ses parents auraient pu m'apprécier mais ses grands-parents, ses oncles et ses tantes, est-ce que ça aurait été le cas ? Peut-être m'auraient-ils mal regardé et mal jugé. On le voit bien autour de nous, sinon comment expliquer que les Arabes qui fréquentent des Françaises ne se marient pas ? Ils vivent la plupart du temps en concubinage, pourquoi ? Le mariage, c'est quelque chose d'officiel où tu invites tout le monde, quand tu vis seulement en concubinage tu ne fais pas la fête et tu n'invites personne, sans doute parce que tu penses que tes parents auront honte et qu'ils désapprouveront ta décision. Nos parents ne sont pas contents de nous voir avec des Françaises, de nous voir faire notre vie avec elles, ils ne le diront jamais en ces termes, mais c'est ce qu'ils pensent.

Le pire, c'est que je ne suis pas loin de penser comme eux, une génération après. Je ne suis pas bien sûr de supporter que ma fille, lorsqu'elle sera grande, se mette avec un Français. Ce n'est pas tellement lui qui pourrait poser problème, mais sa famille. Tu peux toujours tomber sur un raciste. Or je n'aimerais pas qu'elle vive le racisme que j'ai vécu, en même temps je crains qu'elle n'ait pas beaucoup le choix.

Se marier avec une femme arabe c'est plus facile, plus de choses tombent sous le sens, on se pose moins de questions. Par exemple, ma femme et moi ne nous poserons pas la question de la circoncision de notre fils. On le fera circoncire, cela se fait à l'hôpital maintenant avec une petite anesthésie, ça se fait dans des conditions différentes que celles qui existaient quand nous étions gosses, mais on continue à la pratiquer. Il y a aussi le fait qu'on a la même religion. Nous ne faisons pas les prières, mais nous respectons certaines règles, et derrière chacune de nos règles et de nos pratiques il y a la religion qui fournit des principes et du sens.

C'est tout un comportement d'être musulman. On l'est d'abord avec le cœur, dans la façon dont on regarde l'autre et dont on se comporte avec lui, dans l'aide qu'on peut lui apporter et dans les choses que l'on peut partager. C'est sans doute vrai d'un bon chrétien, sur ce plan toutes les religions se ressemblent et ont la même beauté, que disent-elles sinon qu'il faut s'aimer ? Être musulman, c'est aussi s'interroger, sur son comportement, sur son rapport à l'autre, sur ses préjugés. Ainsi le ramadan, qui te fait connaître la faim et la soif, te fait avoir une idée plus juste de la valeur des choses et te permet d'avoir un plus grand contrôle de toi et une plus grande maîtrise de tes attitudes et de tes actes. Tout cela, je ne le partagerais pas avec une Française, qui peut-être ne comprendrait d'ailleurs pas. C'est là que la différence de culture apparaît.

Pour continuer sur la famille, une chose me choque, c'est le rapport qu'on a en France ou dans la culture française avec les vieux. On les laisse. Il est absolument inconcevable que des Arabes mettent leurs parents ou leurs aînés dans des maisons de retraite. Peut-être le feront-ils dans quelques années, ceux qui vivent en France, mais aujourd'hui c'est une attitude honteuse, elle signifie abandonner ses parents, les mettre dans un mouroir, les laisser dans la misère. Chez nous, tu gardes tes parents jusqu'à la fin, parce que ce sont tes parents jusqu'à la fin, de la même façon tu gardes tes enfants jusqu'au bout parce que tu les as faits pour la vie entière et pas seulement pour quelques années. C'est pour cela que l'on peut voir dans des familles arabes des jeunes, notamment des jeunes toxicos ou délinquants, vivre chez leurs parents même s'ils ne travaillent pas et même s'ils ont plus de trente ans. On n'a jamais vu des parents de chez nous mettre leurs enfants dehors et j'espère que ça ne se fera pas.

En revanche, il y a des comportements ou des attitudes de la culture arabe que je n'approuve pas, même si j'ai plus de mal à les critiquer parce que c'est ma culture et que j'en suis nourri. Les attitudes envers les femmes, par exemple, me déroutent souvent. Je les comprends, mais je ne peux y adhérer. Je ne partage pas l'avis de ceux qui ne veulent pas que leur femme travaille ou sorte, et je réprouve les maris qui n'aident pas leur épouse à la maison.

Par ailleurs, ce qui fonctionne bien dans les familles françaises et qui n'existe quasiment pas chez nous, c'est le dialogue. Les parents français parlent beaucoup plus à leurs enfants, ils s'en préoccupent davantage, les suivent à l'école, participent aux conseils de classe, chez nous ça ne se fait pas, du moins ça ne s'est pas fait pour les gens de ma génération. Quand on avait un problème, on n'en parlait pas à nos parents, alors que les gosses français le faisaient. Je n'ai jamais évoqué mes problèmes à l'école lorsque j'étais à la maison, je n'ai jamais parlé de mes difficultés à trouver du travail, mes frères et sœurs non plus ne l'ont pas fait. On a été élevés dans l'idée que ça ne se faisait pas et surtout on était persuadés que nos parents ou nos familles ne comprendraient pas. Ma mère ne pouvait pas comprendre que je ne réussisse pas à l'école, ce qu'elle avait en tête c'est que les autres y arrivaient, alors pourquoi pas moi ? Peut-être nos parents nous voyaient-ils égaux aux enfants français, peut-être l'espéraient-ils. Pour eux, on devait être aussi bons qu'eux, c'était sans doute une façon de conforter leur choix d'être venus vivre en France. Si on n'était pas bons, alors on était nuls, il n'y avait aucune autre possibilité entre les deux.

Un enfant français ne vit pas la même chose qu'un enfant arabe. Il se fait par exemple beaucoup moins frapper. Les parents français parlent quand les gosses font des bêtises, ils expliquent, ils essaient de comprendre et de dire des choses qui peuvent aider. Nous, quand on faisait des conneries, ma mère nous tapait et éventuellement après elle parlait. C'est pour cela qu'on se disait que nos copains français avaient de la chance d'avoir des mères comme les leurs. Sur ce point, nous avons changé, et la deuxième génération n'élève pas ses enfants comme elle a été élevée. Sans doute qu'il faut bien ficher quelques claques aux gosses parfois, je le ferai sans doute avec mes enfants, mais je le ferai peu, en tout cas moins que mes parents. En revanche, je leur parlerai, beaucoup plus que mes parents m'ont parlé.

Ces différences de culture et ce sentiment d'être des deux à la fois, qu'en sera-t-il pour les générations qui vont nous succéder ? Je redoute la mort de nos aînés, les premiers arrivés en France. Lorsqu'ils vont mourir, les enfants seront perdus, nous-mêmes avons déjà commencé. C'est par des petits signes que je le vois. Lorsque ma mère est au pays pour trois ou quatre mois, notre famille se voit beaucoup moins. Ma mère en est le point d'attache et lorsqu'elle est absente chacun reste chez soi. Ce sont les parents qui connaissent nos fêtes et nos rituels. Lorsque nous nous marions ou enterrons l'un des nôtres, ce sont les anciens qui disent quoi faire et comment procéder.

J'ai eu l'expérience chez des cousins qui vivent dans le Midi. Ils ont perdu leur mère il y a quelques années, le père était déjà mort depuis longtemps, et ils ne savaient pas quoi faire. Devaient-ils l'enterrer au pays ? Devaient-ils l'enterrer chez eux en veillant à ce que la tombe soit tournée face à La Mecque ? Mais c'est où La Mecque quand on vit en France ? Ils ont dû aller chercher une tante pour leur expliquer comment faire, depuis l'installation du cercueil dans la terre jusqu'à la préparation du repas.

Plus directement, je l'ai vécu moi-même avec mon mariage. J'ai déjà dit que j'éprouvais le désir de me marier avec une Arabe. Ma femme, elle, n'avait pas prévu cela. Elle voulait plutôt un

Français par crainte qu'un mari arabe ne lui impose sa volonté. Notre mariage a été important, bien sûr parce que c'était la consécration de notre union, mais aussi parce que cela nous faisait reprendre pied avec des rituels et des traditions dont nous ignorions presque tout et à travers lesquels les femmes et les anciens nous ont guidés. Un mariage se fait en plusieurs étapes chez nous.

La plus importante est celle qui se déroule en présence de l'imam et qui correspond en fait au mariage religieux. Ouardia, mon épouse, et moi, nous sommes laissé conduire comme des gosses ou des automates durant toute la durée de la cérémonie. Bien sûr, on s'était fait expliquer avant ce qu'il faudrait faire, quand et comment, et notre plus grande crainte était d'oublier quelque chose ou de commettre des impairs.

Ainsi, après avoir mangé, hommes et femmes séparément dans des pièces différentes, arrive le moment où l'imam se met à prier et à parler. Pendant ce temps, la future épouse s'approche de la salle où sont les hommes, reste derrière la porte et attend. Elle doit entendre ce que l'imam dit et répondre un tas de choses au bon moment, répondre notamment oui lorsque l'imam lui demande si elle veut prendre pour époux le fiancé qu'elle a choisi. Ensuite, l'imam s'est tourné vers moi et m'a demandé combien je donnais au père de Ouardia. En effet, les femmes s'achètent chez nous, même si aujourd'hui c'est devenu plutôt symbolique. C'était une perte pour la famille lorsque la jeune épousée quittait le foyer parental, à l'entretien duquel elle participait, alors cette perte devait être compensée et le futur marié devait payer. Sauf que cela, personne ne me l'avait dit. On est dans des rites tellement complexes et tellement inédits pour nous, enfants d'immigrés, qu'on ne peut pas tous les apprendre ou les retenir en une seule fois. Je devais donc payer, l'imam tourné vers moi me regardait, attendait, bien sûr tout cela je me l'étais fait traduire au fur et à mesure qu'il le disait, parce qu'il parlait arabe. Alors j'ai dit cinq cents francs, comme ça, sans réfléchir. Chez nous, au pays, une femme s'achète avec des terres ou des produits issus de l'élevage ou de la culture, mais en France, à Mantes, au Val-Fourré, avec quoi pouvais-je bien acheter ma femme et surtout combien devais-je donner ? Les cinq cents francs ont eu l'air de bien passer, sauf que l'imam m'a demandé de donner l'argent immédiatement, et là j'ai eu un vrai moment de panique parce que je n'avais pas d'argent sur moi. Il fallait mettre la somme annoncée sur la table, l'imam attendait, l'assemblée attendait mais je n'avais pas préparé d'argent puisque j'ignorais qu'il fallait que j'achète Ouardia. Alors j'ai dit qu'il m'était difficile de payer sauf par carte bancaire, et confus, rouge de honte, j'ai lancé un regard désespéré vers l'un de mes frères, à qui j'ai discrètement demandé si je pouvais lui emprunter la somme demandée. Bien sûr il l'a fait, trouvant quand même le temps de m'engueuler parce que j'aurais dû y penser avant et surtout parce que j'aurais dû annoncer une somme moins importante.

Après cet épisode, nous passerons plusieurs semaines à préparer le mariage chacun de notre côté, c'est-à-dire à préparer les fêtes que nous allions donner, la famille de Ouardia puis la mienne, fêtes au cours desquelles nous découvrirons d'autres façons de faire ou d'autres rituels de chez nous. En fait, nous avons constamment été dans ce mélange, cette composition entre une tradition que nous voulions respecter et un contexte et une époque de vie qui nécessairement la transformaient. Le coup de la carte bancaire en est un exemple. Il y aura aussi l'histoire de la valise. Lorsque c'est la famille de l'épousée qui fait la fête et reçoit, le marié arrive dans la soirée. Accompagné de ses proches, il s'avance en cortège au milieu de la salle et des youyous des femmes. Mais il n'arrive pas les mains vides et doit être muni d'une valise, théoriquement pleine des bijoux et des vêtements qu'il vient offrir à sa future épouse. Les bijoux sont souvent des bijoux de famille et les robes sont les mêmes depuis des générations. Pour respecter ce rituel il a fallu qu'on s'arrange, j'ai dû emprunter la valise à un copain, ma mère y a glissé quelques-uns de ses bijoux et Ouardia y a mis ses propres robes.

La fin de cette soirée se passa en chants et danses kabyles avec toute une assemblée vêtue du costume traditionnel, et l'on dansa à la kabyle. Cela signifie que les femmes dansent beaucoup entre elles et que les quelques danses par couple se font toujours dans le respect d'une distance mutuelle consacrée. On se touche éventuellement les mains et les doigts, mais on ne va jamais au-delà. Et pourtant c'est cette même assemblée qui se retrouvera le lendemain matin, habillée à l'européenne, sur les marches de la mairie de Mantes, où aura lieu notre mariage civil. Le maire nous marie, et une fois fait, comme le rituel l'exige, nous invite à nous embrasser. Nous le faisons, sur la bouche et devant tout le monde, sachant que beaucoup de membres de nos familles n'apprécieront pas. Mais nous le faisons parce que c'est la partie française de notre mariage et que nous sommes aussi français.

Ainsi, dans les deux cas, mon mariage et l'enterrement de la mère de mes cousins, ce sont les anciens qui nous ont expliqué et guidés. Dans les deux cas il a fallu aussi composer. Quoi qu'il en soit, ce sont les anciens qui font lien avec notre culture et lorsqu'ils partiront ce lien mourra probablement.

Je crains qu'à terme nous ne devenions complètement français, c'est-à-dire que nous adoptions tout des attitudes et des comportements français, y compris le mauvais côté. Nous aurons alors des familles éclatées, les frères et les sœurs vivront loin les uns des autres, chacun restera davantage chez soi. On le verra aussi par rapport à l'Algérie. Mon père voulait constamment y retourner, c'est finalement ce qu'il a fait puisqu'il est enterré là-bas. Nous, on est entre les deux, un peu ici, un peu là-bas, où l'on songe à faire des choses sans vraiment y croire et sans réellement s'en donner les moyens. Nous y allons peu, certains très rarement, comme mes frères, et je suis sûr que c'est lié au fait qu'ils vivent avec des Françaises. Leurs femmes seraient accueillies s'ils allaient au pays, mais au village ils sentiraient que la famille et les voisins n'approuveraient pas.

Pour les gens de ma génération qui ont choisi de vivre en France, en quoi sommes-nous arabes ? Et en quoi nos enfants le seront-ils ? Quelles raisons auront-ils de garder le lien avec une famille qui leur semblera lointaine, dans le respect d'une culture qui leur paraîtra à mille années-lumière de leur vie quotidienne et de leurs projets ? Et cela même si certains d'entre nous revendiquent un quelconque sentiment d'appartenance à la culture arabe ou kabyle, une quelconque fierté.

À y réfléchir, ce qui nous fait arabes et nous renvoie à notre étrangeté, c'est aujourd'hui peut-être moins la culture dont nous sommes issus que le regard que les Français portent sur nous, et plus généralement la vie qu'on nous fait en France. Ce regard a un peu changé dans la mouvance des années quatre-vingt, après l'arrivée de la gauche au pouvoir. On a senti à ce moment plus d'intérêt à notre égard, davantage l'envie de comprendre, peut-être même de nous aimer. Mais on l'a payé, car de coupables on est devenus victimes, victimes du racisme, de la société, de notre histoire. Or le statut de victime n'est pas très enviable, ça n'est jamais qu'une autre façon de se sentir dépossédés. Il s'est opéré là un basculement que je n'ai pas encore compris et qui je pense n'était pas bon. Car à aucun moment nous ne nous sommes sentis victimes ou du moins nous ne pouvions concevoir de n'être réduits qu'à cela. Toutefois, ça a eu pour effet qu'à cette période beaucoup de gens nous écoutaient et voulaient qu'on leur parle, de nous, de nos parents et de notre histoire, mais ça n'a pas duré. Cette période est aujourd'hui révolue et on a eu droit à un retour de balancier.

Ça n'est pas très étonnant, certains de nos jeunes sont devenus beaucoup plus violents que nous ne l'étions, aujourd'hui ils cassent, insultent, dégradent, agressent, nous n'avons jamais fait ça et ne sommes pas allés aussi loin qu'eux dans la violence. Sans doute aussi que les autres, ceux d'en face pour faire vite, ceux qu'on pourrait aussi appeler victimes – victimes de notre délinquance et de notre violence –, se trouvent davantage en difficulté aujourd'hui qu'il y a quelques années. Comme nous, ils souffrent, à cause du chômage, de l'ascenseur social cassé, de l'impossibilité d'accéder au mode de vie qu'ils espéraient, comme nous, ils souffrent plus qu'il y a vingt ans.

Il y a aussi que ce qu'on a longtemps appelé « intégration » semble avoir échoué. Ce terme est insultant. Il est une insulte à la mémoire de nos parents et pour la majorité des Arabes qui vivent aujourd'hui en France. Car enfin nous sommes français, on est nés ici, on n'a jamais vécu ailleurs, et la plupart ne connaissent pas d'autre pays. Dire que je ne suis pas intégré en Algérie, ça, je peux l'accepter. Je ne parle pas la langue, je ne m'y sens pas chez moi et n'ai aucun sujet de discussion commun avec les gens. Mais parler d'intégration en France, alors que la France est mon pays, c'est mettre en lumière mes différences, m'y ramener tout en exigeant que je m'en débarrasse.

On peut et on doit en revanche parler d'insertion. Être inséré, c'est avoir un métier, un logement, une vie à peu près stable et autonome. Alors là il y a problème parce que la majorité des Arabes ne sont pas insérés ou le sont mal. Ils ont des boulots précaires, n'ont pas eu de formation, vivent depuis vingt ans dans la même cage d'escalier et ne sont pas près de la quitter. Pour eux, rien n'a changé. Ni leur système ou leurs conditions de vie, ni le regard méprisant, toujours inquiet et parfois haineux, dont ils font l'objet. Les seuls Arabes qu'on ne regarde plus comme tels sont ceux qui s'en sortent économiquement et socialement. Le racisme antiarabe est d'abord un racisme de classe. Ceux qui vivent dans les quartiers et sont en échec continuent à subir le racisme des Français. Mais ceux qui font des études et s'installent ailleurs, on finit par les oublier. Le prix à payer peut-être pour nous, c'est que nous-mêmes aussi nous serons oubliés.

Quoi qu'il en soit, le chemin sera long car globalement rien n'est fait pour que les jeunes Arabes quittent les quartiers. Et même si beaucoup peuvent faire des études et être formés, cela reste très difficile pour eux. À se demander si on a vraiment envie de les accueillir dans le monde normal, celui auquel ils aspirent.

Si tel est notre objectif, si nous voulons pouvoir vivre dans les mêmes conditions et avec les mêmes droits que les autres citoyens de ce pays, alors nous devrons nous battre. Se battre en réalité, ça fait des années que nous le faisons.

SEPT ANS D'ABSENCE

MON PÈRE MORT ET PLUS RIEN NE ME RETENANT EN Algérie, je dois trouver le moyen de regagner la France. Je fais une première tentative en janvier 1984, avec un copain expulsé. On sait comment procéder, on a déjà vu plein de gars le faire, j'en ai moi-même aidé un certain nombre quand j'étais à l'armée. Comme j'étais officier, je pouvais accéder au port, personne ne me disait rien, j'aidais ainsi des mecs à trouver des bateaux. Avec ce copain, on se cache dans la remorque d'un camion immatriculé en France, dont on sait qu'au matin il doit être chargé. Mais au cours de la nuit le camion est fouillé par les flics, ils ont l'habitude et connaissent bien les combines des expulsés qui veulent traverser la Méditerranée. Ils nous repèrent, nous emmènent au poste et dès le lendemain on se retrouve à la prison d'El Harrach, à dix kilomètres d'Alger.

J'y reste un mois et lorsque je sors je retourne à Tizi n'Braham, puis en octobre de la même année je fais une seconde tentative pour partir, mais cette fois de Bejaïa et pas d'Alger, où le port est hautement surveillé. Il me faut quelques semaines pour trouver de l'argent, des devises françaises, et des contacts pour pouvoir embarquer. Le jour de mon départ, je m'habille avec un bleu de travail et me fonds dans la foule des ouvriers qui chargent et déchargent les bateaux. À un moment je croise un flic et je prie le ciel pour qu'il ne me parle pas. Car si ç'avait été le cas j'aurais été obligé de lui répondre, et à ma prononciation il aurait vu que j'étais un immigré. Le flic ne me dit rien et je peux embarquer. Je ferai le voyage avec les passagers puis me cacherai en vue des côtes françaises, le matin. Quelques heures après, je débarque à Marseille.

Cette fuite et la façon dont elle s'est déroulée n'étaient pas très originales, plein d'Algériens viennent en France de cette façon. Parmi eux des délinquants ou des braqueurs qui font leur coup en France vont se faire oublier quelques semaines ou quelques mois de l'autre côté de la Méditerranée et reviennent après.

J'attends qu'il n'y ait plus personne pour sortir du port de Marseille en cachette et gagner la ville. Je suis à la fois ému et fou de joie de revoir les rues, les magasins, les vitrines, les gens, et d'entendre parler français. Je me rends à Mallemort, où vivaient des amis qui avaient habité le Val-Fourré et, dès le lendemain, je fais la route avec un de leurs fils qui remontait sur Paris. Il me laisse porte d'Orléans et je me rends chez ma sœur aînée, Malika, qui vivait porte de Sèvres à ce moment. Je ne l'avais pas appelée pour lui faire la surprise, et surprise, elle l'a été, inquiète aussi, comme ma mère le sera lorsque je l'appellerai de chez ma sœur pour lui dire que je suis rentré. Elle me redira qu'elle aurait préféré que je reste en Algérie.

Je vis chez ma sœur quelques jours et vois ma famille par petits bouts lorsque les uns et les autres montent à Paris. Je verrai ma mère un soir, alors qu'elle dînait dans un restaurant de Saint-Germain avec des copines du quartier. Pendant plusieurs mois je suis nomade, vivant chez différents membres de ma famille, chez des amis, à chaque fois avec mon sac, comme un clandestin, m'installant pour quelques jours, ou une nuit, et repartant.

Je n'ai pas grand-chose en tête, je suis même plutôt déboussolé. Je retrouve la France mais je dois me cacher et souffre de ne pouvoir aller à Mantes. Je suis désœuvré et me laisse aller tout en retrouvant peu à peu d'anciens automatismes. La peur, par exemple, que j'avais oubliée lorsque j'étais en Algérie, et l'inquiétude permanente, toujours surveiller les trottoirs, les rues, les endroits dans lesquels j'entre. Je croyais que c'était fini tout ça et pourtant je replonge dedans. Quand tu es clandestin et vis en cachette, tu te retrouves dans la délinquance. En plus, tous ceux qui venaient me voir ou que je rencontrais à Paris me regardaient comme un voyou, ils me ramenaient à ce passé-là. Ce que j'avais pu faire entre-temps, l'armée, l'école des officiers, ma vie en Algérie, ils l'ignoraient. Pour eux, j'étais Yazid le délinquant, celui qui avait cassé, fui, été en cavale, et tout ce passé remontait.

Je voyais aussi que le monde avait changé. Ainsi, un jour où je retrouve mes frères à la gare Saint-Lazare, ils me proposent de les suivre dans une manif. Une manif... je n'avais même jamais entendu ce mot-là. Un autre changement, et de taille, ç'avait été de voir ma mère au restaurant, à Saint-Germain-des-Prés, avec des copines. C'est l'époque où les femmes arabes commençaient à sortir, je n'avais jamais vu ça. Malgré tout, il fallait que je pense à l'avenir, alors, poussé par mon frère aîné, j'ai commencé à préparer mon entrée en prison. Lui et d'autres membres de ma famille voulaient que je me rende, moi non, mais je savais que je finirais par y aller, il fallait donc m'y préparer, en particulier trouver un avocat et travailler ma défense.

En attendant, puisque je ne me rendais pas, il fallait que je vive, donc que je trouve de l'argent. Ça coûte cher, la cavale, le seul moyen de t'en sortir c'est de redevenir délinquant. Certes, mes frères m'aidaient un peu mais je ne voulais pas continuer à dépendre d'eux. Alors j'ai rappelé le frère d'un type que j'avais rencontré en prison et avec qui j'avais maintenu des liens quand j'étais en Algérie. Je le rencontre, sa tête me plaît, il me propose une affaire, je m'en sentais capable, rien ne me retenait.

On ira un soir de novembre 1984, en fin de journée, dans un supermarché de la banlieue sud. On avait pris deux motos, la sienne et celle d'un autre mec qui nous accompagnait. On est entrés chacun avec une arme, moi j'avais un 9 mm, non chargé, les leurs l'étaient. Mon copain est allé vers la caisse centrale pendant que je guettais avec l'autre gars. Un quart d'heure j'ai guetté, c'était long, d'autant que je ne savais pas ce qui se passait. En fait, il fallait bien un quart d'heure pour trouver le gérant du magasin, lui pointer une arme sous le nez, aller au coffre avec lui et prendre les billets. Mon copain reviendra avec un sac qui contenait soixante mille francs. Tout cela s'est passé en silence, presque naturellement, le magasin était calme, les clients, tranquilles, ignoraient que le magasin était en train de se faire braquer. Une fois dehors on remonte sur les motos, moi je suis derrière avec le sac et on roule vers Paris. Sur la route, on se perdra un peu et mon copain, gonflé comme pas un, demandera son chemin à un flic. Je trouvais qu'il ne manquait pas d'air mais je le voyais faire, à l'aise et souriant, impressionnant. On a finalement trouvé l'endroit où l'on voulait aller, une chambre de bonne dans le 19e arrondissement où on a partagé l'argent. Ma part était de vingt mille francs, je me suis retrouvé avec un tas de billets que je ne savais pas où mettre. Un peu par peur de prendre les transports en commun mais aussi pour me récompenser d'avoir réussi l'affaire, j'ai pris un taxi pour rentrer chez ceux qui me logeaient. On refera un deuxième braquage ensemble, trois semaines après, également dans un supermarché. On procédera de la même façon et on récoltera cinquante mille francs.

Mais cette vie ne me convient pas, je sais qu'elle est de courte durée, et peu à peu ma surveillance se relâche. Je retourne à Mantes une fois, puis deux, puis régulièrement. J'y passe les fêtes de Noël et, en janvier 1985, après avoir dormi chez ma mère, je me fais prendre. C'est un matin, je reviens d'aller chercher du pain, je rentre et vais dans la chambre de ma sœur où je commence à nettoyer mes armes. Elle aura à peine le temps de me prévenir avant que les flics n'entrent dans l'appartement, alors je cache tout mon attirail et fais semblant de bricoler. J'ai songé un moment à fuir, j'aurais pu sauter par la fenêtre et peut-être m'en sortir mais ma mère et ma sœur étaient présentes, ma mère qui expliquait aux flics que j'étais bien tranquille en train de réparer une lampe, ma mère, encore une fois à mille lieues de savoir ce que je faisais réellement.

J'ai décidé de me laisser prendre et d'aller vite. Pour que les flics ne s'intéressent pas à ce qu'il y avait sous le lit, je les ai poussés vers la porte de l'appartement. Ma mère pleurait, ma sœur aussi, des voisins qui étaient venus voir ce qui se passait, également. Il était temps que je parte. J'étais assez serein, même si je savais que je partais pour pas mal de temps. J'étais prêt pour les trois années que j'allais passer en prison.

Six mois avant ma sortie de Liancourt, la dernière centrale où j'ai été enfermé, je passe en commission d'expulsion. Malgré mon exil et ce que j'avais vécu en Algérie, malgré ma bonne conduite en prison et les diplômes que j'avais obtenus, on ne voulait toujours pas que je reste en France. Durant les séances de la commission, plusieurs personnalités viendront plaider pour moi, notamment le maire de Mantes, celui-là même que j'affronterai plus tard lorsque je serai militant. La commission rend un avis favorable à mon maintien sur le territoire français, mais elle n'a qu'un avis consultatif et, un mois avant ma sortie, je reçois une note du ministère de l'Intérieur m'informant que je serai expulsé. De nouveau, mes frères, mon avocat ainsi que tous ceux qui me suivaient et me soutenaient à ce moment vont se battre. Finalement, quarante-huit heures avant de prendre l'avion qui devait me ramener en Algérie, je reçois un télégramme qui m'informe que mon expulsion est suspendue et remplacée par une année d'assignation à résidence.

Je sors de prison en octobre 1987, soit deux ans et demi après y être entré. J'avais pris une peine de quatre ans, mais grâce à ma bonne conduite et à mes diplômes j'obtiendrai des grâces et je ferai moins de temps. Quatre années en Algérie, presque trois en prison, c'est comme si j'avais été absent sept ans. Et en sept ans il s'en était passé des choses.

Quand je les avais quittés pour partir en Algérie, mes frères travaillaient, l'un était tôlier en usine, l'autre électromécanicien intérimaire. Mais à partir de 1981, précisément en mai, lorsque Mitterrand passe au pouvoir, soit un mois avant ma cavale et mon départ en Algérie, beaucoup de choses vont changer. Les immigrés ont le droit de monter des associations et des mouvements vont commencer à naître. Une prise de conscience s'opère, mes frères et d'autres jeunes du quartier ressentent une sorte de ras-le-bol. Mon copain Boxeur s'est fait tuer, je suis pourchassé par les flics et vais devoir m'exiler en Algérie, un paquet d'autres jeunes sont en prison, le sentiment général est que ça ne peut pas durer. Mon petit frère Lakhdar et deux autres copains du Val-Fourré montent une association pour se battre contre le destin de certains jeunes, mais aussi pour la famille, pour la reconnaissance de l'histoire et des droits des immigrés, et pour la vie des habitants des quartiers. On n'avait jamais parlé de tout cela auparavant, on n'avait jamais pensé comme ça. L'association créée par Lakhdar s'appelait Vivons ensemble ; vaste sujet. Elle faisait toutes sortes de choses, du soutien scolaire pour les mômes qui ramaient à l'école, des spectacles pour les familles, du sport pour les jeunes. Mon grand frère Madani arrivera peu après et prendra la présidence de l'association tandis qu'une de mes sœurs en deviendra la secrétaire. Ils sont allés très loin dans leur mouvement, ils ont été médiatisés, sont allés parler à l'Unesco, se sont alliés avec d'autres mouvements d'autres villes, bref, ils avaient commencé ce que je ferai moi-même lorsque à mon tour je deviendrai militant, un an après ma sortie de prison, en 1987. Ils ont lancé le mouvement.

Mais à ce moment j'étais loin de tout ça, je n'avais pas prévu cette évolution et je ne la comprenais pas forcément. Mon retour après ces sept ans n'a pas été évident. D'abord, je trouvais que chez ma mère tout avait changé. Depuis la mort de mon père, la maison n'était plus la même, il lui manquait le calme et la sérénité. À vrai dire, c'était un sacré bazar. Du temps de mon père, très peu de monde venait chez moi, il y avait des règles strictes comme manger à des heures précises par exemple. Mais là, lorsque je rentre, c'est n'importe quoi. On mange à toute heure, mes frères toujours fourrés dans des réunions rentrent tard et se mettent à table, il y a du monde dans toutes les pièces de la maison, y compris dans ma chambre, où je trouve souvent des gens qui se sont installés quelques heures pour dormir ou se reposer. Quant à ma mère, elle passe son temps dans la cuisine à faire à manger. Je ne reconnais plus rien et ne me sens plus chez moi. J'avais l'impression que puisque mon père n'était plus là, tout le monde en profitait.

En réalité, ce n'était pas ça, c'était une autre vie qui se mettait en place, une vie militante avec peu d'horaires et des gens qui entrent et sortent sans cesse. Je n'ai pas aimé cette période. À ma sortie de prison, je pensais que j'allais rester en famille, pour souffler, or là je me retrouve avec des gens que je ne connais pas, sans rien à faire puisque en tant qu'assigné à résidence je ne peux ni bouger ni travailler. Alors je regarde et l'on me tient plutôt à distance, parce que j'étais quelqu'un d'important pour tous ces gens, à cause de mon passé. On me présentait en disant : « C'est lui, c'est Yazid », et ça suffisait. Sauf que moi, Yazid, je ne savais plus qui c'était. Les petits que je croisais ou ceux qui venaient chez moi connaissaient par cœur mon histoire, ils l'avaient entendue mille fois, et ils me respectaient. Pour tous j'étais quelqu'un, à cause de mes affaires, de ma cavale, de mon exil, de la prison. Je ne voyais pas bien ce qu'ils me trouvaient, moi j'avais l'impression de vivre comme un retraité, aux crochets de ma famille. J'étais le roi, mais un roi triste, nu, invité partout et mangeant à toutes les tables, mais complètement paumé.

Il me faudra du temps pour revenir à la vie et de nouveau commencer à rencontrer des gens parce que j'en éprouverai le désir. Parmi eux, je ferai la connaissance de quelqu'un qui sera très important pour moi dans la période à venir, Gérard Guérinet, le coordinateur de la mission locale qui venait de s'installer sur le quartier. Ce type, travailleur social, était aussi un militant. Il faisait beaucoup de choses pour les jeunes aux prises avec la justice et ceux qui étaient en prison, très impliqué dans l'association de mes frères, il se battait contre les expulsions. On m'a fait le rencontrer et il a sans doute été un des premiers à m'écouter sans systématiquement me renvoyer à mon passé. À lui j'ai pu confier mon désarroi et le fait que je ne comprenais plus comment les choses fonctionnaient.

Après plusieurs de ces rencontres et de ces discussions, un jour, sans que je lui demande rien, il me propose de travailler à la mission locale en échange d'un petit pécule. À partir de ce moment, je vais commencer à y aller souvent, bientôt tous les jours. Je m'y sentais bien, l'équipe m'appréciait et les jeunes aussi. C'est à leur contact que j'ai compris que ça allait mal pour les petits qui nous suivaient et que je pouvais peut-être les aider.

Beaucoup venaient me voir au départ pour rien, pour parler, me rencontrer, sans doute parce qu'ils sentaient que j'étais proche d'eux. Peu après, on me proposera de faire un peu de comptabilité et on me confiera les clés du local. Ces gens me faisaient confiance, je ne voulais pas les décevoir ou les tromper, alors j'ai décidé de donner le meilleur de moi-même. En même temps, j'étais perturbé, je le leur disais « Mais pourquoi me donnez-vous les clés ? » il y avait de l'argent dans le bureau, je sortais de prison, je leur disais qu'ils devraient avoir peur ou au moins se méfier, mais non, ils étaient persuadés que je ne volerais plus jamais. Pour eux, mon passé était passé, ils ne voulaient pas réduire ce que je devenais à ce que j'avais été.

En étant délinquant, j'avais été moi-même, ça, je ne peux pas le nier. Mais là, tout en restant moi-même, je découvrais que je pouvais faire autre chose et être quelqu'un d'autre. Cette confiance que l'on m'accordait et ce respect dont j'étais l'objet, je ne les avais trouvés ni en famille ni dans la bande. Je n'avais pas l'intention de les gâcher.

COMBATS

Je commencerai ma vie militante environ un an après ma sortie de prison, dès la fin de mon année d'assignation à résidence au cours de laquelle je me trouvais pieds et poings liés, et ne pouvais ni travailler, ni m'engager. On ne devient pas militant comme cela, du jour au lendemain, on commence d'abord par râler et critiquer. Je savais que mon chemin ou mon parcours, malgré leur singularité, ressemblaient à ceux d'autres jeunes d'origine arabe des quartiers. La violence, la bande, la délinquance, les affaires, la prison, les cavales, nous étions un certain nombre à y avoir goûté et ça avait pris une place importante dans nos vies.

La période où je commence à m'engager se situe autour de 1988. Bien des choses avaient déjà été faites mais je n'y avais pas participé puisque j'étais en prison. Et surtout il me faudra un certain temps pour comprendre qu'autour de moi le monde avait changé et que les habitants des quartiers, notamment les habitants d'origine arabe ou les immigrés, pouvaient enfin dire leur mot sur la vie qui leur était faite. Les années quatre-vingt ont marqué un réel tournant en la matière, du moins jusqu'en 1986, année où la droite retrouvera le pouvoir et où beaucoup de projets, d'associations ou de mouvements initiés dans les quartiers ou liés à l'immigration commenceront à s'essouffler ou disparaître.

Si j'avais davantage été le témoin passif de toutes ces actions menées dans les quartiers depuis cinq ans, c'est que je n'en voyais pas les effets, à mon sens rien n'avait vraiment changé. J'étais particulièrement dubitatif sur le rôle joué par la municipalité de Mantes, qui selon moi faisait peu pour les jeunes et pour les habitants des quartiers. Or je me sentais une responsabilité à l'égard des premiers, j'étais devenu un grand et avec d'autres de mon âge on voyait les petits en souffrance. Ces autres étaient d'anciens du quartier que je connaissais depuis longtemps, mais pas des anciens de la bande, plutôt des jeunes qui avaient bien travaillé à l'école quand ils étaient mômes et qui n'avaient pas mal tourné. Je me retrouvais ainsi du côté des bons élèves, ça ne m'était pas souvent arrivé.

Peu à peu et de façon informelle, on a commencé à se réunir à l'*Agoretta*, un bar sans alcool qui avait ouvert dans le quartier et qui disposait de nombreuses salles. On a créé un premier collectif, le collectif Jeunes du Val-Fourré, dans lequel on a décidé de lister l'ensemble des points qui selon nous n'allaient pas à Mantes. On a fait venir le maximum de jeunes du quartier et on a noté tout ce qu'ils disaient. C'est un exercice radical et plutôt décapant. Les questions ont fusé, dans toutes les directions : pourquoi certains quartiers de Mantes comprennent-ils 80 % de Français tandis que dans d'autres quartiers la population est composée à 80 % de personnes d'origine étrangère ? Pourquoi les éducateurs ne travaillent-ils pas le soir alors que c'est surtout le soir que les jeunes galèrent ? Pourquoi avait-on supprimé des terrains de jeux dans le quartier ? Pourquoi le centre de la ville était-il bien décoré au moment des fêtes de Noël et pas notre quartier, alors que c'est là que vivaient le maximum de mômes ? Tous les domaines ont été abordés. Beaucoup de jeunes nous ont suivis dans cette action, malheureusement pas nos parents. Nous avons découvert qu'ils n'étaient pas militants, ils nous disaient que tout cela ne servait à rien et qu'on avait déjà la chance de vivre en France, alors selon eux il fallait accepter la situation qui nous était faite et ne pas chercher à la modifier. Ça les embêtait qu'on se permette de s'opposer au maire ou aux élus. Pour eux, les chefs devaient être respectés et les pouvoirs maintenus. Ils n'auraient jamais imaginé qu'on pouvait penser à changer les choses.

On voulait rencontrer les élus, eux pas vraiment, alors on a commencé à manifester. Sur nos banderoles on écrivait : « 17 000 jeunes au Val-Fourré, 17 000 oubliés ». Une première rencontre a enfin eu lieu fin 1988, on avait rédigé un document sur la base de tous ces constats, on le leur a lu et on leur en a laissé un exemplaire. Ils ont été étonnés, choqués même, le maire dira au cours d'une conférence de presse qu'il s'est pris une gifle à la lecture de ce document. Il faut savoir qu'en parallèle la mairie avait commandité un audit sur la vie dans le quartier qui avait coûté plusieurs centaines de milliers de francs. Et nous, on lui apportait quinze fois plus de choses que ce que l'audit allait révéler, et gratuitement. Pourtant, cette première rencontre avec les élus n'a débouché sur rien. Ils se sont peut-être pris une gifle mais ils ne semblent pas avoir eu trop mal, ou bien le choc qu'ils ont ressenti a été de courte durée. Ils n'ont pas donné de suite, il est vrai que nous n'en avions pas non plus imaginé de notre côté, mais on pensait qu'ils allaient nous rappeler pour que l'on travaille ensemble. Ils ne l'ont jamais fait.

Ça a été un coup dur pour le collectif, que beaucoup ont décidé de quitter. Moi pas, ça m'a plutôt conforté dans l'idée qu'il fallait continuer à se battre mais que nous devions avoir plus d'impact ou plus d'audience et pour cela être plus puissants. Peu à peu, on a rencontré des groupes ou des collectifs équivalents dans des quartiers d'autres villes, aux Mureaux par exemple, où j'ai fait la connaissance de celui qui allait devenir mon beau-frère. Il avait un parcours semblable au mien, délinquant, taulard, menacé d'expulsion, on a décidé de monter ensemble un collectif au niveau du département.

On était un peu en avance sur les Mureaux, on avait créé un premier collectif, rédigé un document, rencontré les élus, cela ne nous empêchait pas d'avoir le sentiment de nous être fait avoir. Ça s'apprend, l'engagement et le militantisme, et c'est pas forcément des belles choses que l'on apprend. Ainsi ce document, naïfs que nous étions, on l'a donné à qui le demandait. Et ils furent nombreux, chercheurs, journalistes, travailleurs sociaux, à se le procurer et à l'utiliser sans nous citer et sans nous impliquer dans les suites qui pouvaient en découler. Cela nous a fait l'effet d'une douche froide lorsque le maire de Mantes a été nommé conseiller technique auprès de Delebarre, le premier ministre pour la Ville. On n'avait pas la prétention d'être conseiller technique à sa place, encore moins d'entrer au gouvernement, mais il aurait pu nous convier à travailler avec lui, sur la base des informations, des vécus ou des analyses que nous lui avions fournis. Rien de tout cela ne s'est fait.

Après les Mureaux, on rencontrera des jeunes de Sartrouville, de Houilles, de Nanterre, de Puteaux, de Suresnes, et on créera un collectif régional. On procédait toujours de la même façon. Dès qu'on entendait parler de jeunes qui voulaient agir dans leur quartier, on y allait et chaque quartier défilait avec sa pancarte ou ses banderoles. La presse nous suivait, elle-même suivie par les flics et les RG. Personne ne comprenait très bien qui on était, quelle était la signification de ce mouvement qui n'avait pas de réelles structures et fonctionnait de façon informelle, mais qui allait très loin dans ses revendications. Sans doute faisions-nous peur aussi, d'autant plus qu'il n'y avait quasiment pas de Français parmi nous. D'abord parce que peu venaient, ensuite parce que les rares qui s'y risquaient n'étaient pas toujours bien accueillis. Les jeunes leur renvoyaient le fait qu'ils n'avaient pas vécu dans les quartiers et qu'à ce titre ils ne pouvaient pas savoir. Ce n'était pas bien malin, mais à cette époque le vécu primait et toute idée qui n'en émanait pas était suspecte. Sur ce point, je ne suis pas sûr que nous ayons beaucoup avancé.

Il faut dire qu'il y avait matière à partir du vécu, à le revendiquer et parfois à le brandir bêtement comme un étendard. Ça n'allait pas bien dans les quartiers, bientôt les premières émeutes allaient éclater. Le paradoxe, c'est qu'elles ont surgi dans des sites qui faisaient l'objet de la politique de la ville et d'une attention citoyenne. Là où au contraire il n'y avait rien, ni cadres, ni dispositifs, ni projets, les quartiers n'ont pas bougé. Mais le paradoxe n'est que superficiel, car en réalité plus tu agis pour éveiller ou faire croître la conscience ou la citoyenneté des gens, plus tu les rends exigeants. Or, que voyaient les jeunes des quartiers et les habitants ? Que l'on s'agitait beaucoup, à coups de formules assez séduisantes mais dont on ne voyait guère la traduction dans la réalité. La participation des habitants fut à cet égard à la fois la formule la plus utilisée, et ça n'est pas fini, et la plus vide de sens. De la même façon, on parlait de programmes culturels dans les quartiers, de politique du logement, d'aménagement des transports, on parlait, oui, mais rien n'était vraiment fait.

On commençait en même temps à entrevoir les dessous de la politique de la ville, les postes en jeu, la compétition pour y accéder, le choix des nominations, qui ne nous paraissait pas toujours évident, et surtout les sommes d'argent colossales, annoncées ou dépensées, sans que l'on voie l'ombre d'une amélioration pour la vie des habitants.

On voyait tout cela se décider et se faire sans nous. Malgré les collectifs, les manifestations, les documents que nous rédigions et les articles dans la presse à notre sujet, les élus ou les politiques ne nous invitaient toujours pas à leurs réunions et nul d'entre nous ne figurait dans leurs structures ou leurs organigrammes savants. Alors ce n'est pas très étonnant si la rébellion est née.

Cette indifférence, cette peur ou ce mépris à notre égard, nous les ressentions quotidiennement. Cela m'avait particulièrement frappé à l'issue d'une bagarre qui avait failli avoir lieu entre les jeunes de Chanteloup et ceux de Mantes ; je m'étais battu comme un diable pour l'éviter. Comme souvent, ça avait commencé par une peccadille. Au cours d'un après-midi dansant à Chanteloup, des jeunes de Mantes s'étaient fait savater. Assez logiquement, du moins dans la logique de la violence, ils décident de revenir le lendemain pour se venger, mais de revenir à cent cinquante. Ce n'était pas parce que certains d'entre nous militaient pour améliorer la vie des jeunes et rendre leur horizon moins gris que ceux-ci allaient subitement, pour nous faire plaisir, changer leur mode de fonctionnement. La violence, au contraire, avait empiré, avec elle la souffrance. C'est cela aussi être militant, c'est te battre pour des gens qui parfois font le contraire de ce que tu espérerais.

Dès que je suis au courant de l'affaire, je préviens le maire de Chanteloup, l'informant que des jeunes du Val-Fourré vont débarquer dans sa ville le lendemain. Et le lendemain je me retrouve avec eux, je me débrouille pour monter dans le même train et durant tout le voyage je tente de les calmer. Je leur dis que je comprends la situation mais que plutôt que se battre, ou en tout cas avant, on peut aller voir le maire pour lui parler, ils sont d'accord. À notre arrivée, des dizaines de CRS nous attendent et comme je suis en tête du groupe, ils me prennent pour un meneur et tentent de m'arrêter. Quand ils comprennent enfin que c'est moi qui calme le jeu, on se dirige tous ensemble vers la salle des fêtes, où le maire nous attend. Finalement, la bagarre n'aura pas lieu, et lorsque les jeunes de Chanteloup, alertés de leur côté, nous rejoindront, les groupes commenceront à se parler et certains jeunes à sympathiser. Ils vont au cours de ces heures se découvrir un passé commun, ou bien se découvrir cousins, ce qui n'était pas rare, bref ils vont se découvrir des liens. J'avais donc réussi et étais vraiment heureux du dénouement de cette affaire, qui aurait pu être sanglante. Il y en aura à cette même époque un tas d'autres au cours desquelles des jeunes seront blessés ou tués. Je n'attendais pas qu'on me considère comme un héros, mais je n'attendais pas non plus qu'on me prenne pour un con. Or, le lendemain, j'ai lu dans la presse que c'était grâce au maire de Chanteloup qu'une émeute avait pu être évitée. Mais ce qui m'a le plus estomaqué, c'est d'apprendre dans le même article que l'adjoint à la Jeunesse de la ville de Mantes était également venu à Chanteloup. J'apprendrai en effet que lui aussi avait fait le trajet, dans le même train, mais nous ne l'avons pas vu dans notre wagon et il n'est pas venu parler aux jeunes. D'ailleurs, il n'aurait pas pu, puisqu'il s'était installé loin de nous, en première classe.

La première émeute qui a eu lieu à Mantes est venue couronner des mois d'incompréhension entre la municipalité et le quartier. Il faut dire que la mairie avait été maladroite en autorisant que se tienne une soirée privée à la patinoire de Mantes, située au cœur du Val-Fourré. Privée, c'est-à-dire sans qu'aucun des jeunes puisse y participer. C'était une soirée réservée aux Mantais, mais pour nous cela signifiait interdite aux Arabes. Aujourd'hui encore je ne comprends pas ce qui a pu pousser la ville à autoriser une soirée interdite aux Arabes dans un quartier constitué à 90 % d'Arabes.

Les jeunes se sont mis en colère et ont cassé les vitres de toutes les voitures qu'ils trouvaient sur leur passage. Les CRS ont été alertés et ça a commencé à chauffer. Un peu plus tard dans la soirée, un jeune Marocain du nom d'Aïssa Ihich, rentrait chez lui. Il n'avait jamais volé de voiture de sa vie ni participé à aucune émeute, mais pour rentrer chez lui il est obligé de passer là où se tenaient les flics et il se fait arrêter. Les flics l'interpellent, le frappent, le mettent en garde à vue. Aïssa, asthmatique, a un début de crise quand il se retrouve enfermé en cellule. Sa mère, que l'on avait avertie, vient lui porter ses médicaments au commissariat, mais les flics ne veulent pas les lui donner sous prétexte qu'un médecin avait dit que l'état d'Aïssa était compatible avec sa garde à vue. Ils l'ont laissé dans sa cellule, quelques heures après il mourait.

La seconde émeute aura lieu quinze jours après, en juin. C'était un samedi soir, il faisait chaud, les jeunes s'emmerdaient et avaient envie de bouger. Ils se sont mis à voler des voitures et à rouler partout dans le Val-Fourré, faisant de multiples allers et retours dans les rues du quartier en klaxonnant pour s'épater les uns les autres. À un moment l'un d'eux se fait pourchasser par les flics, avertis que ce soir-là beaucoup de voitures avaient été volées et que les jeunes étaient nerveux. Poursuivi, le jeune se trouve face à un barrage, estime qu'il a la place pour passer entre les voitures de flics et le trottoir, mais au moment où il passe, un des flics, une femme nommée Marie-Christine Baillet, qui se trouvait dans la voiture, a pris peur en voyant un véhicule foncer vers elle, elle sort, se fait percuter et meurt. Le jeune n'avait pas fait exprès, il avait certes piqué une voiture et forcé un barrage, mais en aucun cas il n'avait voulu tuer cette femme.

Une demi-heure après, les flics dont la collègue vient de mourir croisent d'autres jeunes dans d'autres voitures. Lorsque ceux-ci voient les gyrophares ils essaient de fuir, ils ne savent pas ce qui vient de se passer, alors ils font demi-tour et s'éloignent des voitures des flics. Mais l'un des flics a le temps de sortir son arme, il vise et tire sur l'un des jeunes, Youssef Khaif, qui mourra sur le coup lui aussi. On prouvera par la suite que, Youssef s'éloignant, le danger s'éloignait, mais le flic lui a quand même tiré une balle dans la nuque. Les flics se défendront en prétextant la légitime défense et le juge qui s'est occupé de l'affaire décrétera un non-lieu. Un non-lieu, c'est ce qu'il peut y avoir de pire, car bien qu'un jeune soit mort c'est comme s'il n'avait pas existé. Depuis, grâce aux manifestations qu'on a faites, notamment avec le MIB (Mouvement de l'immigration et des banlieues), le parquet a fait appel, on s'est battus pendant dix ans et l'affaire sera bientôt rejugée.

Ce que nous avons appris avec ces deux homicides qui se sont déroulés quasiment en même temps, c'est que la justice peut être terriblement injuste. Parce que celui qui a involontairement tué la femme flic a été jugé, pris dix ans de prison et cinq cent mille francs d'amende. Tandis que le flic qui a volontairement tué Youssef n'a toujours pas été jugé, il a été muté dans un autre commissariat, n'a pas fait un seul jour de prison et porte toujours son arme sur lui.

Notre vie militante a continué encore pendant un temps. Notre collectif régional s'est ouvert vers d'autres régions, notamment Lyon, où des mouvements similaires existaient déjà. Il y avait eu des émeutes dans les quartiers de la banlieue lyonnaise, et des morts. L'un de ces mouvements s'appelait les JALB, Jeunes Arabes de Lyon et de banlieue, il était dirigé par Djida Tazdaït, à l'époque députée européenne, une femme que j'ai beaucoup appréciée. Les JALB se battaient comme nous contre les expulsions, la double peine, les problèmes des quartiers. On a rencontré pareillement des jeunes de Lille et de Marseille, et on a regroupé tous nos collectifs en un seul qui s'est appelé Résistance des banlieues. En février 1992, on a organisé à Lyon les premières Assises nationales des jeunes des banlieues, que l'on considérait comme le pendant ou la réponse des

Assises de Bron, organisées par le gouvernement l'année d'avant et qui avaient dû coûter extrêmement cher. Nos assises n'ont pas coûté grand-chose et les mille participants étaient des jeunes des quartiers, venus de toute la France, avec en plus quelques éducateurs et travailleurs sociaux.

Ça a été un grand succès, mais de nouveau il ne s'est rien passé après. Aucun écho, aucun appel, ni du ministère ni des maires des villes concernées. Nous ne comprenions pas, on avait le sentiment de faire des choses citoyennes, et personne ne les reprenait, personne ne répondait. Ça nous a fait nous poser un certain nombre de questions sur ce qu'on appelle la citoyenneté, un mot qui était pourtant dans toutes les bouches et qui l'est encore plus aujourd'hui, à croire que plus on l'utilise moins on se donne la peine de le pratiquer. Nous étions écœurés, et peu à peu le sentiment a grandi parmi nous que tout cela était inutile et qu'il valait finalement mieux ne rien faire. Le mouvement s'est un peu essoufflé.

Aujourd'hui encore, j'ai le sentiment que les élus ou les hommes de pouvoir ont déconné. Ils n'ont pas perçu ni compris la richesse de ce qu'on leur apportait et de ce que leur apportaient de façon générale les habitants des quartiers. Ce faisant, ils n'ont surtout pas vu ou pas compris qu'il arrivera un moment, je le crois vraiment, où ces jeunes et ces habitants, qui ont la pêche et qui malgré tout gardent espoir, finiront par arriver au pouvoir.

Mais cela nous a déjà coûté et nous coûtera cher. Car les petits des quartiers, qui avaient suivi notre mouvement et en attendaient des résultats, se sont mis à devenir violents et à casser, soit au cours d'émeutes, soit par des actes répétés de ras-le-bol et d'incivilités. Mais le pire pour nous, et le paradoxe, c'est qu'ils ont pu par ces moyens obtenir bien plus de choses que nous en militant.

Ce que je retiens de cela, c'est que le gouvernement ou le pouvoir commencent à se remettre en cause quand il y a de la violence, et uniquement dans ce cas. C'est bien à la suite d'émeutes que le premier ministère de la Ville a été créé, c'est bien suite aux incidents des Minguettes que les procédures DSQ sont nées, mais alors cela veut-il dire qu'il faut en arriver à de telles extrémités pour que les choses commencent à bouger ? C'est quand des gens sont blessés ou meurent qu'on commence à s'inquiéter, parce que quand rien ne se passe dans les quartiers, c'est-à-dire rien de violent, alors on oublie les habitants. Les petits ont retenu de cette leçon qu'il n'y a aucun intérêt à être citoyen, il vaut mieux casser.

Pour cette raison, nous avons échoué. On n'a pas réussi à faire passer les messages et à intégrer les petits dans le circuit du militantisme. On peut facilement distinguer trois niveaux de générations. La nôtre, celle qui s'est battue et a milité tout au long des années quatre-vingt, la génération suivante, celle de la violence collective des années quatre-vingt-dix, et aujourd'hui, pour le nouveau millénaire, une génération de jeunes farouchement individualistes.

En dépit de nos manifestations, de nos marches, de nos réunions, de nos associations, on n'a pas été très efficaces, on n'a pas obtenu grand-chose, on n'a pas été reconnus. La génération suivante, qui même si elle ne militait pas avec nous attendait beaucoup de nos mouvements, s'en est trouvée désabusée. Car les petits ont cru aux discours des grands, aux discours de leurs grands frères, mais ils voyaient en même temps que les grands n'obtenaient rien. Et pourtant nous étions réellement leurs frères à ce moment, ça n'était pas un statut ou une fonction comme ça l'est devenu aujourd'hui, où l'on paye des gens pour cela.

Les années quatre-vingt-dix, c'est les émeutes et les voitures brûlées, à Mantes, à Sartrouville, aux Mureaux et dans plein d'autres cités. Et les petits, auteurs de ces violences et de ces dégradations, nous le disaient, c'est par la violence qu'on obtiendra des choses, on les entendait et on les voyait s'éloigner de nous. En retournant le bureau d'un maire, en saccageant des magasins ou des services publics, en se bagarrant contre les flics ou en dégradant une cage d'escalier, ils nous ont donné une leçon que j'aurais préféré ne jamais devoir apprendre. Nous, on n'avait jamais fait ça, même du temps de la bande, on n'avait pas la haine qu'ils avaient ; les flics et nous, c'était deux mondes séparés, on ne se battait pas. On était voleurs mais on n'emmerdait personne.

La haine est née de ce que nos actions militantes ont échoué, du mépris qu'on a ressenti autour de nous, du fait qu'on a demandé des choses qui ne nous ont pas été données, de ce que l'on voulait prendre en main une partie de notre destin et que ça n'a pas marché. Je ne compte plus le nombre de fois où on nous a regardés de travers, où on ne nous a pas reçus, où on nous donnait des rendez-vous auxquels nous étions seuls à nous rendre. Les petits nous attendaient, ils voyaient qu'on avait échoué, ils voyaient notre déception, c'est avec ça qu'ils ont grandi.

Aujourd'hui, avec les mômes de la génération 2000, c'est encore autre chose. Ils sont encore plus désabusés et très individualistes. Même les bandes ne fonctionnent plus très bien. Il y a des bandes par affinités ou par intérêts, mais sans lien très fort entre leurs membres. Nous, on était tout le temps ensemble, même quand on ne volait pas et qu'on ne se battait pas. On partageait beaucoup de choses entre nous, on sortait ensemble, on faisait des fêtes quand l'un des grands sortait de prison, on allait dans nos familles ensemble, on était très solidaires, maintenant non. Ces jeunes se sont sentis exclus beaucoup plus vite que nous, à l'école par exemple, où ils se trouvent en échec de plus en plus tôt.

Ce qui est arrivé également très vite, et que nous ne connaissions quasiment pas à notre époque, c'est la drogue. Les seuls toxicos qu'on voyait du temps de la bande étaient français, c'était des babas ou des hippies, des gens totalement inoffensifs et qui nous faisaient plutôt marrer. La drogue est apparue assez tard dans les quartiers, pas avant les années quatre-vingt, à une époque où en parallèle le fric a pris une importance démesurée. Être toxico et s'adonner aux drogues dures, c'est de même nature qu'être clochard, c'est être moins qu'une larve, c'est être l'exclu des exclus. On a également vu arriver l'alcool dans les quartiers, puis les médicaments, puis le mélange des deux. Je vois quotidiennement et de plus en plus souvent des jeunes boire de la bière ou du whisky, qu'ils mélangent à des amphétamines.

Enfin, on a vu arriver la violence des filles. On pourrait dire que d'une certaine façon c'est le lot de l'intégration, mais ce phénomène n'existait pas il y a quelques années. Comme les garçons, elles veulent sortir et font si bien la vie à leurs parents qu'ils finissent par lâcher du lest. Comme les filles sortent davantage, elles se disent que ce n'est plus la peine d'aller à l'école, où, comme les autres jeunes, elles réussissent moins bien qu'avant. Et une fois qu'elles sont dehors il faut qu'elles fassent leur place dans les quartiers. Comme elles savent que ceux-ci sont tenus par les mecs, elles vont ailleurs, c'est aussi une façon pour elles d'être moins surveillées. C'est vrai qu'elles ressemblent aux garçons, elles ont la haine aussi, la même rage qu'eux et elles peuvent être redoutables. Elles se déplacent en bandes agressives et deviennent aussi dures que nous l'étions. Elles sentent, comme nous l'avons senti, qu'on ne les aime pas forcément, que les gens les regardent de travers, alors elles en rajoutent, se mettent à parler très fort, s'énervent, insultent, frappent et peu à peu tombent dans le cercle vicieux au bout duquel tu justifies ta violence et tes actes par les actes violents que l'autre t'a fait subir.

Il n'y a plus grand monde aujourd'hui qui milite et se bat dans les quartiers, pourtant la situation ne s'est pas améliorée. Les élus ou les hommes de pouvoir ne savent pas bien ce qui s'y passe, et même s'ils le savaient, ça ne les aiderait pas à avancer. Ils savent de moins en moins faire car ils viennent de moins en moins sur le terrain. Le dialogue entre les politiques et les habitants ou les jeunes des quartiers est quasi rompu, chacun campe sur ses positions, quand il en a, et se bloque. Pourtant, c'est d'eux dont a besoin, eux qui ont le pouvoir et peuvent décider. Eux et pas la brochette de médiateurs dont ils s'entourent pour se protéger et qui les empêchent de voir la réalité. J'observe que de façon générale les confrontations directes ou les discussions frontales disparaissent. On veut toujours en appeler à un tiers, un échelon supplémentaire ou un autre niveau. On fait le contraire de ce que l'on clame, on fait le contraire de la proximité.

Je pourrais aujourd'hui reprendre chacun des points que nous avions listés sur ce fameux document que nous avions remis au maire de Mantes et à d'autres acteurs, il y aura bientôt vingt ans. Je pourrais le faire et je verrais que rien n'a changé. On continue à installer tous les étrangers dans un même endroit par peur de se mélanger et pour préserver certains quartiers. On continue à refuser d'ouvrir des lieux le soir bien qu'on ait dit mille fois que c'est le soir que les problèmes surgissent et que la souffrance naît. On continue à ne pas vouloir ouvrir les lieux de décision, alors qu'on l'a réclamé. Le vote des étrangers est toujours interdit et quand tu vas au Parlement et que tu regardes l'hémicycle, tu te demandes où sont ceux qui représentent les quartiers. Tu en arriverais presque à vouloir instaurer un vote communautaire, même si tu sais que ça n'est pas bon, mais c'est peut-être l'unique solution pour que les problèmes spécifiques des immigrés et des habitants des quartiers soient pris en compte.

Les élus et les hommes de pouvoir auraient pu avancer, mais ils ne l'ont pas fait car cela leur aurait demandé une trop grande remise en question de leurs pratiques et de leurs partis. Il leur aurait fallu du courage et de la conviction. Si du moins ils savent encore ce que c'est.

TRAVAILLEUR SOCIAL

L'ANNÉE DE MON ASSIGNATION À RÉSIDENCE ÉCOULÉE, je ne savais pas ce qui allait se passer car l'expulsion était toujours possible. On ne s'empêchait d'ailleurs pas de me le dire à chaque fois que je me présentais au commissariat de Mantes, où l'on me rappelait qu'un avion était toujours prêt à partir. Le coordinateur de la mission locale me conseilla de ne plus me présenter puisque l'année était passée, et un mois plus tard la préfecture me convoqua pour me fournir un nouveau récépissé de carte de résident. À partir de ce moment, j'étais de nouveau libre de mes mouvements et j'ai pu travailler.

Mon frère cadet Lakhdar travaillait pour la ville de Plaisir, où il dirigeait un café-musique. Comme la ville cherchait un animateur, il a parlé de moi et je me suis présenté. J'ai un peu trafiqué mon *curriculum* pour faire apparaître une expérience dans l'animation et j'ai eu mon entretien. Les personnes qui m'ont reçu à la mairie ont vu que je connaissais bien les problèmes des jeunes et des quartiers. C'était mon premier entretien d'embauche, pour un vrai boulot, dans de vrais bureaux.

On m'affecte comme animateur dans le quartier du Valibout, un des quartiers les plus chauds de Plaisir. Je trouvais que par rapport au Val-Fourré c'était plutôt calme, mais aux yeux des élus et des responsables de la ville le Valibout était un quartier difficile. Je me suis retrouvé dans une très belle maison de jeunes, avec plusieurs salles, un bar, une bibliothèque, une salle de spectacle, et j'ai commencé à travailler à l'accueil. Cela me convenait bien, mon job était d'accueillir les jeunes, d'être avec eux et de préparer des activités, des sorties ou des soirées. Je me suis tout de suite plu et les jeunes ont été contents de mon arrivée. Je venais du Val-Fourré, ce qui pour eux signifiait quelque chose, j'étais maghrébin comme la plupart d'entre eux, le contact est tout de suite passé, ainsi que le respect. Ces jeunes n'avaient rien à voir avec ceux du Val-Fourré ni avec ceux dont je m'occuperais à Chanteloup l'année suivante. Aucun d'eux n'était délinquant et tous respectaient les règles de vie, ça a été facile.

Comme beaucoup d'autres, cette maison de jeunes fermait à dix-neuf heures, mais peu à peu j'ai pris sur moi d'ouvrir le soir, d'abord en organisant des soirées dansantes et des repas avec les familles. L'équipe était étonnée de voir ça, ils ne l'avaient jamais fait, n'y avaient même jamais songé. Puis j'ai suggéré que l'on ferme plus tard et là j'ai commencé à sentir des décalages avec les autres animateurs, ma façon de faire dérangeait. La maison de jeunes fonctionnait sur la base d'activités spécialisées, il y avait de la guitare, des jeux d'échecs, des choses comme ça. Mais les animateurs qui prenaient en charge ces activités n'avaient que quatre ou cinq jeunes avec eux à chaque fois, tandis que moi, à l'accueil ou durant les soirées, j'en ramenais une soixantaine. En outre, je ne voyais pas bien l'intérêt d'apprendre la guitare ou les échecs à des gosses dont je découvrais qu'ils avaient bien d'autres problèmes. En effet, je commençais à sentir les difficultés dans le quartier. Quoique moins prononcés qu'au Val-Fourré ou ailleurs, on retrouvait tous les ingrédients d'un quartier qui risquait de ne pas bien tourner. Mon sentiment était qu'on devait y aller voir, je l'ai d'ailleurs fait plusieurs fois en raccompagnant des jeunes le soir, en restant avec eux dans les halls d'escalier, mais il m'a été dit que mon job était à l'intérieur de la structure et que je n'avais pas à me mêler des problèmes du quartier. J'étais en total désaccord, estimant que notre travail était d'être là où étaient les problèmes. On me rétorquait que c'était la fonction et la tâche des éducateurs que d'être auprès des jeunes difficiles, comme si nous, animateurs, n'avions qu'à leur proposer de gentilles activités entre onze et dix-neuf heures sans nous soucier de ce qui leur arrivait en dehors de ces horaires.

J'avais un contrat d'un an et pas encore la nationalité française à ce moment, j'étais donc dans la précarité. On me l'avait d'ailleurs dit en mairie, compte tenu de ma situation il n'y avait guère d'avenir pour moi et je ne pourrais rester qu'aux échelons les plus bas du travail social. Or je sentais que je pouvais faire plus et mieux. Quoique sans diplôme dans ce domaine et avec une toute petite expérience, j'aspirais à être plus autonome et à prendre la direction d'une structure. Je sentais que je pouvais le faire. Alors, peu de temps avant la fin de mon contrat, j'ai dit que je ne souhaitais pas qu'il soit renouvelé.

Entre-temps, j'avais rencontré la responsable du centre social de la ville de Chanteloup, à l'occasion de bagarres répétées entre une bande de la ville et une autre d'Achères, conflits pour la résolution desquels je m'étais proposé d'intervenir. On avait discuté plusieurs fois, ils avaient trouvé mes propos intéressants et ont proposé de m'embaucher. Je suis donc entré à l'ACVL, l'association pour l'Amélioration des conditions de vie dans la cité La Noé. Pendant quelques mois, j'étais dans les bureaux d'un centre social situé au pied d'un immeuble du quartier. J'ai d'abord fait le même travail qu'à Plaisir, je m'occupais de l'accueil des jeunes et j'organisais des sorties et des soirées. Mais on fonctionnait de façon beaucoup plus souple, sans réel programme et au *feeling*. Le centre social était petit, et si l'on pouvait disposer d'une salle avec une télé et un magnétoscope, il n'y avait pas de réel lieu pour les jeunes. Mais en face du centre il y avait un vieux bâtiment, une sorte de *blockhaus* abandonné et muré qui avait abrité un club de prévention. Certains jeunes ont fait remarquer que ce local pouvait peut-être servir, alors peu à peu on y est allés, on a cassé les murs qui bloquaient la porte et on a commencé à l'aménager. J'ai demandé au maire de Chanteloup si on pouvait l'occuper réellement, il m'a donné le feu vert tout en précisant que ce serait provisoire puisque le local devait être démoli quelques mois après. On nous a remis un jeu de clés, et avec les jeunes on a nettoyé et repeint la salle. Les jeunes étaient de plus en plus nombreux à venir, surtout le soir, la mairie a eu l'intelligence de s'en apercevoir et de constater que ça pouvait être une bonne chose pour le quartier. Finalement, le local a été remis à neuf par les services techniques de la ville et on a pu l'occuper. Et très vite j'ai adapté mes horaires pour travailler en soirée.

En 1993, je décide de passer le BEATEP, le brevet d'État d'animateur technicien de l'éducation populaire, je n'avais aucune connaissance ni diplôme dans le domaine du travail social et j'éprouvais le besoin de me former. Je voulais aussi qu'on accorde plus de poids à ce que je disais. Or je sentais que si mes propos portaient, ils étaient aussi souvent discrédités sous prétexte que je n'étais pas formé.

La formation durait un an et demi, à raison d'une semaine par mois, elle était dispensée par les CEMEA. J'étais content de passer un vrai diplôme et de me mêler à d'autres travailleurs sociaux, mais je trouvais que le niveau n'était pas très élevé et surtout j'étais affreusement impatient. J'étais aussi très revendicatif, je posais beaucoup de questions, et l'on me disait que j'allais trop vite et trop loin par rapport aux autres. Pour avoir le diplôme, il fallait faire un stage pratique, et le mien portait sur l'ouverture d'un local en soirée. Les examinateurs, qui dépendaient du ministère de la Jeunesse et des Sports, n'ont jamais voulu venir le soir à La Noé. Ils sont venus, mais dans la journée, m'évaluer sur la façon dont j'animais une réunion à thème. Ils ne sont pas venus parce qu'ils ont eu peur, le quartier avait mauvaise réputation et le local encore pire. Ils savaient qu'on y accueillait les plus durs, qu'il y avait déjà eu des heurts avec les flics et des bagarres au couteau.

Globalement, les travailleurs sociaux qui m'entouraient, ceux que je rencontrais dans le quartier ou les formateurs du BEATEP, avaient une position ambiguë par rapport à ce que je faisais. Ils trouvaient l'initiative d'ouvrir le soir intéressante ; il y a bien longtemps qu'on savait que c'était le soir que les jeunes étaient le plus en souffrance et le plus en violence, mais ils étaient aussi persuadés que ça leur enlevait des repères. L'argument était totalement fallacieux selon moi, mais comme je voulais obtenir mon diplôme je ne le disais pas trop. Enlever des repères... comme si les jeunes nous avaient attendus pour souffrir du manque de repères. Ce que je voulais, c'était améliorer la nuit, parce que les jeunes vivent la nuit.

Peu après, j'ai demandé à passer coordinateur, ce qui me permettait d'avoir plus de responsabilités et de gérer une petite équipe d'animateurs. Jusqu'à présent, j'étais au même niveau qu'eux, mais je sentais des décalages entre mon travail et le leur. J'avais constaté que parfois ils parlaient mal aux jeunes ou les jugeaient, il y en avait aussi qui glandaient et ne venaient pas travailler. J'étais plus impliqué qu'eux et beaucoup plus carré, je ne me serais jamais permis d'être en retard par exemple. Être carré, ce n'est pas seulement pour soi mais aussi pour les jeunes. Si tu veux être crédible auprès d'eux, alors tu dois être sérieux et faire correctement ton boulot.

J'ai obtenu le poste et me suis retrouvé à la tête d'une petite équipe avec pratiquement carte blanche pour m'occuper du local. Mais, au moment où je passais coordinateur, la ville a nommé un directeur, un ancien du club de prévention, un gars immense, baraqué et qui parlait bien. Cependant, sur le terrain c'était autre chose, il avait cette espèce de paternalisme bon teint que l'on trouve chez beaucoup de travailleurs sociaux, il l'avait particulièrement avec moi, qu'il considérait comme le gentil petit Arabe aux prises avec d'autres petits Arabes, un peu moins gentils. Il a fini par faire une erreur en acceptant de donner de l'argent à des jeunes. Lorsque les autres ont su que le directeur du local donnait du fric, ils ont fait la queue à la porte de son bureau et ça a été le début d'un engrenage car, dès que le directeur a voulu cesser d'en donner, les jeunes n'ont pas compris, ils se sont énervés et le bureau en question a été saccagé. Ce type est tombé dans la solution de facilité, celle par laquelle tu crois pouvoir te rapprocher des jeunes, exactement comme ceux qui fument avec eux ou qui, par lâcheté ou pour se faire bien voir, prennent systématiquement leur parti contre les flics. Ce genre de choses, c'est ce que tu peux faire de pire.

Au bout de dix-huit mois, le directeur partira et un second arrivera. C'était un petit bonhomme d'origine asiatique qui venait de Sartrouville. *A priori* il semblait bien connaître la problématique des quartiers mais c'était surtout un administratif, et très vite il s'est cantonné à ce rôle parce qu'il avait peur du contact avec les jeunes. C'était pourtant lui qui tenait les cordons de la bourse et je trouvais les effets de cette organisation aberrants. J'organisais tout, je lançais des projets qui me paraissaient pertinents, j'organisais des séjours, mais j'étais dépendant du directeur pour le financement de ces actions, dont il pouvait estimer qu'elles n'avaient pas lieu d'être. Je voulais ouvrir plus en soirée, il ne voulait pas, je voulais ouvrir un bar sans alcool, il craignait le business et les trafics, je voulais organiser des soirées dansantes, il avait peur des bagarres. J'ai quand même pu faire à peu près ce que je voulais en passant au-dessus de lui. Il est resté quelques mois, puis un jour il s'est fait casser la tête par un des animateurs à qui il avait dit une parole déplacée sur sa famille. Le directeur ne s'en est jamais remis. Aujourd'hui encore, il doit être traumatisé par cet événement et ne doit plus vouloir entendre parler de La Noé.

Résultat, en trois ans on avait épuisé un coordinateur, celui que j'avais remplacé, et deux directeurs. Ça n'a pas peu contribué à la mauvaise réputation du local, et ça a renforcé celle du quartier. Du coup, la place de directeur se trouvait libre et assez logiquement on me la propose, en prenant soin de me prévenir que c'est un poste à fusibles et qu'à la moindre étincelle je sauterais. Je n'ai pas hésité, et en 1997 j'ai été nommé. Pour moi, ça a été quelque chose de très important. Après avoir été voleur, délinquant, taulard et exilé, j'étais directeur. Ça me faisait un sacré truc de dire que j'étais directeur quand on me demandait ce que je faisais, c'était tellement important et j'étais tellement fier que dès que je rencontrais quelqu'un j'attendais avec impatience le moment où il me poserait des questions sur mon travail et où je pourrais lui dire que j'étais directeur. Ce qui m'impressionnait, c'était le mot lui-même. Di-rec-teur, tu te rends compte, c'était totalement inenvisageable pour moi. Je savais en même temps que c'était illusoire, car tu peux être directeur de rien du tout, n'avoir aucun pouvoir, ou bien ne pas l'être et faire un métier mille fois plus intéressant ou plus valorisant, mais peu importe, j'étais fier et content. La première personne à qui je l'ai dit, c'est ma mère, et ça a fait le tour de la famille, des voisins et du quartier en un rien de temps. Ça peut paraître futile tout cela, futile pour ceux qui ignorent combien il faut se battre pour arriver là, futile pour ceux qui n'ont pas la même notion de la normalité que toi. Mais pour moi, Arabe, fils d'ouvrier immigré et jeune voyou de quartier, c'est énorme ce qui m'arrivait.

Cette fierté, et tout ce qu'elle impliquait, je ne la ressentirai jamais aussi fort qu'à ce moment. Pas même lorsque j'obtiendrai mon diplôme à la fac, lorsque je serai licencié. Peu après ma nomination, en effet, je décide de m'inscrire en sciences de l'éducation. L'idée ne m'est pas venue toute seule, c'est une amie du quartier qui m'a poussé. Je vais m'inscrire à Nanterre et rencontre le directeur du département de l'époque, Jacques Pain. On examine mon parcours ensemble et il fait passer mon dossier en commission d'équivalence, qui émettra un avis favorable pour que j'entre directement en année de licence.

Je la passerai en deux ans à raison de dix heures de cours par semaine. Au début, je suis totalement paumé et ne comprends rien. En cours, on cite un tas d'auteurs que je ne connais pas, je n'avais pas beaucoup lu jusqu'à présent et je n'arrivais pas à retenir ce que je lisais. Je m'accroche pourtant et dès que je peux je file à la bibliothèque, où je dévore ce qui me tombe sous la main. Ce qui m'intéressait le plus, c'était la psycho, notamment la psycho génétique et tout ce qui portait sur le développement de l'enfant. À l'époque, je venais d'avoir ma fille et je voyais donc concrètement ce dont on me parlait. J'aimais aussi la psychologie de l'adolescence, qui m'a permis de découvrir des choses sur moi-même, en particulier sur le rapport à la mère, la place de l'aîné dans la famille, l'importance de la valorisation quand on est enfant. Enfin, il y avait les cours de Jacques Pain lui-même, sur la violence. Là aussi j'ai appris. J'ai appris qu'il pouvait y avoir des violences quasi objectives, liées aux situations ou aux modes de fonctionnement. Pain expliquait que la violence avait toujours existé et tirait de nombreux exemples du monde animal, montrant que des animaux mis ensemble dans des endroits clos pouvaient devenir violents. J'ai tout de suite fait le parallèle avec les jeunes des quartiers, qui restent enfermés dans des espaces limités, sans rien faire, et qui finissent par s'entretuer.

Si je me suis bien entendu avec les profs, ça n'a pas été facile avec les étudiants. Beaucoup d'eux venaient du travail social mais je les trouvais pleins de préjugés. La plupart passaient leur licence pour présenter le concours d'entrée à l'IUFM, et leur grande blague c'était de savoir lesquels d'entre eux se retrouveraient en ZEP. Ils parlaient mal des quartiers et de la population qui y vivait, ils parlaient mal des étrangers. Je n'ai pas du tout participé à la vie étudiante, je ne me sentais pas bien avec eux. Mon souci, c'était les habitants des quartiers et les jeunes dont je m'occupais, avec les étudiants j'avais affaire à des privilégiés souvent très éloignés de la réalité.

J'ai obtenu ma licence brillamment, mais la joie que j'ai éprouvée n'était pas comparable à celle que j'avais ressentie en étant nommé directeur. Sans doute parce que pour ma famille une licence ne voulait pas dire grand-chose, ma mère ne connaissait rien au fonctionnement de l'université et n'avait aucune idée de la signification des diplômes. Cela dit, j'étais et je suis toujours ému lorsque je lis des offres d'emploi qui demandent un niveau bac + 3. L'idée de pouvoir postuler, c'est pouvoir entrer dans un monde dans lequel je n'avais jamais imaginé pouvoir pénétrer.

En tant que directeur, je me retrouve avec une masse considérable de travail. Je continue mon travail auprès des jeunes, mais je m'occupe en plus de toute la partie administrative et financière de la structure. Il faut en effet que je monte des projets mais surtout que je les présente aux financeurs. C'est ainsi que je découvre certains effets pervers du travail social ou des problématiques des quartiers. En effet, pour appuyer la nécessité que tu ressens à faire telle ou telle chose, le meilleur argument que tu peux avoir, c'est de dire que la situation est mauvaise dans le quartier et que si l'on ne fait rien elle va empirer. Je suis donc toujours obligé de charger la barque, de rappeler la violence, la délinquance, la toxicomanie, alors qu'il n'y a pas que ça dans le quartier, mais le positif ne paie pas, on ne te donne pas d'argent quand les choses vont bien. J'ai mieux compris pourquoi les maires avaient tendance à noircir les traits de leur ville, à en rappeler le mal ou la violence, c'est une façon de la vendre.

Parmi mes responsabilités, je devais aussi gérer l'équipe, et ça, ce n'était pas mon fort. Je me suis toujours senti en décalage avec eux, je les trouvais trop jeunes et pas assez formés. Pour s'occuper de jeunes durs en souffrance, on a besoin d'éducateurs, de psychologues, de thérapeutes, de tout un tas de gens qu'on n'a jamais eus et qui ne sont jamais venus. On devrait avoir les meilleurs dans les quartiers, les plus expérimentés et les plus diplômés, or ceux-là montent dans la hiérarchie et finissent souvent dans les bureaux ou les ministères. En outre, ce n'est pas des animateurs qu'il nous faut, mais des soignants, des gens qui pourront entendre et comprendre la souffrance et détecter sous le symptôme de la violence le mal-être qui en est à l'origine.

Ce qui leur manquait aussi, c'était de ne pas être militants. Je ne vois pas comment tu peux faire ce boulot sans croire à certaines choses et sans vouloir te battre pour elles. Ce qui leur manquait finalement, c'était l'amour, c'est-à-dire un certain comportement et une certaine façon de parler. Tu ne peux pas bosser avec les jeunes si tu ne les aimes pas.

J'ai travaillé dix ans à Chanteloup et si je devais tirer un bilan, je reprendrais une formule qu'on utilise souvent à l'école et que beaucoup de parents voient inscrite sur le bulletin scolaire de leurs enfants : peut mieux faire.

Je pourrais d'abord constater qu'une partie des jeunes nous a échappé. On n'a pas eu trop de problèmes avec ceux qui avaient plus de dix-huit ans, ceux-là venaient vers nous désireux de monter des projets, le travail était quasiment fait. Mais les plus jeunes, plus distants du monde des adultes et des structures *a priori* faites pour eux, il fallait aller les chercher. En clair, le public qui se présente à toi n'est pas celui vers lequel tu devrais aller. Mais pour rencontrer ceux qui ne viennent pas à nous, il faut sortir du local, quitter les structures et surtout cesser de penser en termes d'actions, de procédures, d'interventions ou de projets. Avec eux, il faut savoir s'adapter, être souple, organiser quelque chose et être prêt à l'abandonner le lendemain. Là, ce ne sont plus les jeunes qui perdent leurs repères mais les travailleurs sociaux eux-mêmes, paumés dès qu'on sort des cadres dans lesquels ils ont été formés. Quand tu entres dans une structure, tu es obligé de te mouler dans ses modes de fonctionnement et de financement. Ainsi, pour avoir de l'argent tu montes des projets dont tu es loin d'être certain qu'ils correspondent bien aux difficultés du public dont tu crois devoir t'occuper, en l'occurrence un public qui t'échappe. Au fond, tu fais davantage plaisir aux financeurs, toujours très friands de projets, sans pouvoir répondre aux manques des jeunes. Il faudrait qu'on puisse te donner de l'argent hors projet, sans savoir à l'avance ce que tu vas en faire, sinon être avec les jeunes et passer du temps avec eux. Contrairement à la formule consacrée, ici le temps n'a rien à voir avec l'argent. Le problème, c'est qu'on ne te finance pas pour dire bonjour et être avec les gens. Il faut toujours faire quelque chose, sinon on a l'impression que tu ne travailles pas ou que tu n'agis pas. Ce qu'on ne voit pas, alors qu'on croit que tu ne fais rien, c'est que tu crées du lien. Monte tous les projets du monde, lance toutes les actions possibles, invente de multiples procédures, tout cela ne servira à rien si tu ne crées pas d'abord des relations de confiance fondées sur le respect.

Ma façon de travailler a fait que je me suis trouvé plus d'une fois à la limite de l'illégalité, et parfois même complètement dedans. Ainsi dans le local, agréé par le ministère de la Jeunesse et des Sports, il est totalement interdit de fumer du shit ou de l'herbe. Mais si tu veux travailler avec les toxicos, tu ne peux pas leur interdire de fumer. D'autant que, à quoi ça ressemble d'interdire à des jeunes de fumer à l'intérieur du local alors qu'ils peuvent allumer leur joint sitôt qu'ils en franchissent la porte ? Je préfère qu'ils fument dans mon local si ça peut me permettre de les rencontrer et de leur parler. C'est pendant qu'ils fument que tu peux leur parler de la drogue, pas quand ils ne fument pas mais ne pensent qu'à ça. Pareillement, j'ai plusieurs fois laissé la clé du local aux jeunes. En effet, pourquoi, quand on arrête de travailler, devraient-ils sortir du local ? Ce n'est pas parce que tu as terminé ta journée qu'eux ont terminé leur souffrance.

Ce que j'aurais pu également mieux faire, c'est tout ce qui concerne le rapport avec les flics. Ça fait un bout de temps que l'on dit qu'ils sont en décalage avec les jeunes, et on n'a pas fini d'en parler. Ils ne savent pas ce que c'est que vivre dans un quartier et avoir le parcours d'un jeune de quartier, ils ne connaissent rien à l'immigration, aux cultures différentes de la leur, à la violence, à la délinquance et aux phénomènes de bande.

En outre, la plupart viennent de la campagne, c'est un peu comme partout dans la fonction publique, ils passent le même concours dans toute la France et ils sont mutés à Paris ou en région parisienne pour commencer leur carrière. Mais tu imagines un jeune flic qui a passé son enfance et son adolescence dans un village de Dordogne ou une bourgade vendéenne et qui se retrouve, quasiment du jour au lendemain, dans un quartier comme celui de La Noé ? En plus, ils sont trop jeunes. C'est une manie aujourd'hui de croire que pour s'occuper de jeunes il faut mettre des jeunes. De mon temps, on avait affaire à des vieux flics, à des adultes en tout cas, plus vieux que nous. Ils avaient l'âge de nos pères, et à ce titre on les respectait. Mais quel crédit veux-tu accorder à un jeune flic, parfois plus jeune que toi, qui te fait un reproche ? On manque de vieux.

Une autre aberration, c'est que les flics et les jeunes ne se rencontrent que quand il y a conflit. Or, ce n'est pas en temps de guerre que tu fais la paix, en temps de guerre tu peux éventuellement conclure des trêves qui ne durent pas. Cela veut dire qu'on devrait voir les flics dans les quartiers lorsque rien ne s'y passe et que tout va bien. Mais pour cela il faudrait que les flics en aient l'autorisation et aussi un peu de courage. En dix ans, je n'ai pas vu un seul flic entrer dans le local, comme ça, par curiosité, pour passer un peu de temps avec nous. Je n'ai non plus jamais vu un flic assis sur une marche d'escalier, comme ça, pour être avec nous.

Pour qu'un flic puisse faire respecter la loi, puisque c'est sa fonction, il faut d'abord qu'il soit respecté. Tu ne peux pas prétendre faire respecter quelque chose si toi-même n'inspires pas le respect. Mais pour cela il faut du temps et il faut se conduire bien. On peut tout à fait être proche des gens et leur rappeler la loi. On peut tout à fait parler avec un délinquant tout en sachant que son rôle est de l'arrêter si on le surprend. Je n'ai jamais rencontré de jeune qui ignorait qu'il faisait des conneries et prenait le risque de se faire attraper. Mais on est loin de tout cela aujourd'hui, les flics ont peur des jeunes, et les jeunes les prennent pour des cons. Pourtant, les habitants des quartiers et même les jeunes ont conscience qu'on a besoin des flics, car s'ils n'étaient plus là, la situation serait pire. Ce serait la loi du plus fort, et cette loi, tous les jeunes la connaissent, soit parce qu'ils la subissent, soit parce qu'ils en sont auteurs, souvent les deux en même temps. Et j'en connais peu qui voudraient aller jusque-là.

Contrairement à ce qu'on pense, ce n'est pas la loi de la jungle dans les quartiers, et quand j'entends la formule « zone de non-droit », ça me fait plutôt marrer. En tout cas, c'est dans ces zones que les flics devraient être, quotidiennement, et pas seulement quand ils craignent des émeutes, leur grande angoisse, tellement grande qu'elles finissent par arriver. Les flics, mais de façon générale tous ceux qui ne vivent pas dans les quartiers, entretiennent la terreur de zones de non-droit qui vont exploser, tout en n'y foutant jamais les pieds. Alors effectivement on aboutit dans ces quartiers à un discrédit total de celui qui n'y vit pas, notamment de l'adulte, qui devient un ennemi. Si les jeunes font de toi un ennemi, la dernière chose à faire c'est de te comporter comme tel, parce que à ce moment-là tu seras vraiment leur ennemi.

Il y aurait enfin beaucoup à dire sur les élus et les politiques, que je côtoie maintenant depuis plusieurs années, en tant que travailleur social et militant. Ce qui me frappe toujours, et me laisse pantois, c'est le peu de confiance qu'ils accordent aux jeunes et aux habitants des quartiers. Tu n'as pas d'autre choix que de croire dans les potentialités des gens. Tu n'as pas d'autre choix que de croire que l'intelligence peut se partager, tu dois faire le pari d'une intelligence collective pour que chacun, depuis son poste ou sa fonction, mais surtout depuis ce qu'il est, travaille pour lui-même et puisse avancer.

Chacun, même les plus durs et les plus violents, même les sauvages et les irrécupérables, même les souffrants.

DÉFI

C'EST UN NOUVEAU DÉFI DE GAGNÉ.

Faire de mon parcours et de mon histoire un livre était une chose inimaginable pour moi. Comme le fait de devenir directeur ou d'obtenir ma licence universitaire. Comme le fait d'être devenu quelqu'un d'autre que le « nul » ou le « mauvais » que l'on croyait que j'étais. J'y suis arrivé, sans doute pour me prouver à moi-même mais aussi à ma famille que je n'étais pas ce que tout le monde croyait.

Ce livre est un pied de nez à tous ceux – la police, les juges, certains élus... – qui avaient dit de moi que j'étais irrécupérable. Je souhaite que mon parcours puisse servir d'exemple à beaucoup de jeunes et de moins jeunes. Car on peut être le pire à un moment de sa vie et devenir le meilleur à d'autres.

Je me rends bien compte, et on le dit souvent autour de moi, que j'ai un parcours atypique. Beaucoup de sociologues, d'experts ou de journalistes m'ont longuement écouté et interviewé. Ils l'ont fait avec d'autres et ont tiré de leurs parcours et de leur vie des livres et des idées. Ceux-là sont des voleurs d'histoires, qui te prennent ton vécu, ton expérience et tes connaissances pour les monnayer. La plupart du temps, tout est pour eux et rien pour nous. Voilà pourquoi je désirais raconter moi-même mon histoire. Il aura fallu que je rencontre

Charles Rojzman et Véronique Le Goaziou pour que ce rêve prenne corps.

Je me sens maintenant plus léger, plus en accord avec moi-même, plus fort. Certains apprécieront mon parcours, d'autres moins. Je ne le regrette pas, il est ainsi. Je n'en suis pas victime mais je n'en ai pas eu l'entière maîtrise non plus. Beaucoup ont leur part de responsabilité. Ma mère, qui n'a pas compris que je ne trouvais pas ma place au sein de la fratrie. Mes frères et sœurs, qui ont observé passivement que j'avais une place différente des leurs. Mon père, que j'ai découvert trop tard et avec qui j'ai si peu parlé car je ne me le suis pas autorisé. J'avais, je pense, un réel besoin d'amour, que beaucoup n'ont su combler.

Il y a d'autres responsables ou responsabilités. Ceux – mais qui sont-ils ? – qui nous ont envoyés vivre dans le quartier du Val-Fourré. L'Éducation nationale, qui m'a mis sur la touche. Les adultes en général, qui n'intervenaient pas ou peu lorsque nous dérapions et qui nous ont sans doute plus méprisés qu'aimés. Cette bêtise humaine, enfin, qu'est le racisme.

Finalement, et même si cela peut paraître paradoxal, j'ai eu la vie banale de milliers de jeunes d'origine maghrébine qui vivent dans des quartiers. Aujourd'hui, je me dis que mes amis de la bande et moi-même sommes passés à côté de la vie car on ignorait ce qu'elle était. Nous avons eu l'illusion de vivre quelque chose de différent, par nos actes délictueux, par les risques que nous prenions pour épater la galerie, par nos belles voitures et nos beaux vêtements. Finalement, nous agissions surtout en référence aux autres, nous avons existé à travers leur regard, mais qu'avons-nous fait pour nous-mêmes ? N'étions-nous pas l'ombre de nous-mêmes, à cause de cette souffrance que l'on cachait, à cause des carences, notamment celles de l'affection et de l'amour ?

J'ai pourtant réussi un certain nombre de choses. Notamment à concilier mon origine culturelle et le choix de vivre en France. Ma femme et moi sommes kabyles, de confession musulmane, mais contrairement à nos pères qui ont bâti leur maison au pays, notre maison est en France, notre fille va à l'école en France et mon garçon vient de naître dans ce pays.

Mon avenir me paraît prometteur. Je suis travailleur social, formateur, consultant, médiateur, mais peu importent ces fonctions ou ces titres. Je suis d'abord là pour aider ceux qui en ont besoin. Je passe beaucoup de temps à parler, dans des débats publics, des colloques, des formations, ce qui me laisse penser que ce que je dis a du sens et que mes paroles s'ancrent dans une réalité.

Pourtant je travaille à la frontière de deux mondes qui se parlent de moins en moins et qui parfois se méprisent. Mais si l'on sait convaincre, expliquer, faire partager, alors il est possible que tous agissent, se comportent et regardent l'autre autrement.

La route sera longue car les situations sont de plus en plus dures, la fracture sociale de plus en plus importante, la communication de plus en plus rare. Trop d'acteurs, de décideurs ou de politiques sont frileux, peu convaincus, impuissants ou réticents. Cela à une époque où il semblerait *a priori* que l'on ne cesse d'agir. Il n'y a jamais eu autant d'actions menées contre la violence, il n'y a jamais eu non plus autant de violence. Les jeunes des quartiers se transmettent d'une classe d'âge à l'autre des images et des discours de plus en plus sombres et négatifs. C'est ainsi qu'ils deviennent de plus en plus irrespectueux, de plus en plus individualistes et finalement de plus en plus seuls.

Nous n'avons pas d'autre choix que de nous remettre en cause, d'écouter l'autre avec empathie et amour, de comprendre les vraies raisons de la violence. C'est à une conscience collective qu'il faut en appeler, la seule qui nous permettra de travailler ensemble et de vivre ensemble autrement.

UN PARCOURS DÉLINQUANT

par Véronique Le Goaziou

Par quoi est-ce que cela commence ? Une trajectoire, un parcours, une vie, quels en sont les points de départ ? Ou, plus précisément ici, quels sont les premiers actes, les premiers faits ou événements qui marquent l'entrée dans la délinquance ? Lorsque j'ai posé cette question à Yazid, la première, il a d'abord répondu par un silence, tant multiples et diverses pouvaient être les réponses. Il aurait en effet pu évoquer sa famille, sa culture, l'histoire de son père ou celle de l'immigration. Il aurait aussi pu simplement commencer par sa naissance. Or ces éléments, que l'on trouve dans le récit et dont nous parlerons, il les néglige ou les laisse provisoirement de côté pour évoquer d'abord la violence.

C'est cela qu'il décrit en premier, bien avant la délinquance et les premiers vols, la violence. Soit. Mais, et ce fut la deuxième question, quand et comment entre-t-on dans un processus qui nous fait devenir « violent » ? Qu'est-ce qui, pour les autres et nous-mêmes, nous fait être cela, puisque Yazid se qualifie lui-même de « violent » (à cette époque) et qu'aux yeux des autres il passait pour tel, d'abord un gosse violent, puis le membre d'une bande violente, puis ensuite un délinquant et un taulard dont on soupçonne toujours leurs accointances avec certaines formes de violence.

Or à cette question – quand et comment devient-on violent ? – Yazid apporte au moins deux réponses. Tout d'abord qu'il lui est impossible de se souvenir de « sa » première bagarre ou de « son » premier acte violent, comme il lui sera impossible de se souvenir de son premier vol et de son premier cambriolage. Impossible car, aussi loin qu'il remonte dans le temps, la violence est déjà là, comme s'il était né dedans. Comme s'il s'opérait un passage continu, en douceur et sans qu'il y paraisse, entre des actes et des comportements non perçus et non vécus comme violents à d'autres qui seront identifiés comme tels. La seconde réponse, c'est qu'on est violent parce que d'autres – en réalité il suffit d'un seul – le sont déjà, d'autres que l'on va imiter ou suivre, ces autres n'étant eux-mêmes que les suivants ou les suiveurs de « violents » précédents.

Ces deux éléments me laissent penser que, dans ce cadre, agir c'est interagir, c'est-à-dire agir dans une situation ou un contexte donnés, en réponse ou en réaction à des actes ou des comportements déjà existants, qui ont pour eux l'autorité et la force de l'antériorité. Pour le dire autrement, Yazid Kherfi est « tombé » dans la violence parce qu'elle était une ligne de force et une tendance de son environnement. « Tomber sur » ou « tomber dans », ou encore être « bien » ou « mal tombé » sont des expressions que l'on entend souvent dans les cités ou les quartiers. On « tombe » dans un environnement violent comme on « tombe » sur tel ou tel voisin, sur tel ou tel gardien, dans telle ou telle tour, sur tel ou tel palier. Mais également dans telle ou telle école, sur tel ou tel job, dans telle ou telle famille. Et à chaque fois on tombe « bien » ou « mal ».

Tomber, c'est à la fois ne pas choisir et chuter. C'est subir et se soumettre à des contraintes plus fortes que soi, et ce faisant avoir le sentiment de stagner ou de régresser, suivant l'échelle de valeurs qui nous est imposée ou que l'on s'est fabriquée. Et cet environnement, qui nous happe, nous transforme et nous fait en partie être ce que l'on est, tout seul, on ne peut pas le changer.

On ne dira jamais assez la force et la pression du collectif, du groupe et de l'environnement qui, dans une cité ou un quartier où se côtoient des habitants aux vies tendues et difficiles, marquent de leur empreinte les actes, les attitudes ou les comportements des gens. Ce phénomène a été maintes fois observé et analysé. Ainsi, par exemple, chaque membre d'un groupe considéré comme violent, lorsqu'on le prend seul, en tant qu'individu, peut adopter des comportements non violents, voire dénoncer les agissements violents du groupe auquel il appartient. Mais ce même individu, à un autre moment, lorsqu'il est membre du groupe et s'identifie comme tel, se comportera en violent et légitimera ses actes violents [1].

La force du groupe ou la pression de l'environnement ne sont pas seulement un contexte préalable qui induit, entraîne ou contraint les actes et les comportements. C'est aussi un regard, une évaluation ou un jugement qui, d'une part, les qualifie, d'autre part, les valide et les justifie *a posteriori*.

Car quelle violence évoque Yazid quand il parle de lui enfant ? Les bagarres entre bandes de gosses turbulents, les attaques dans les bois qui jouxtent le Val-Fourré, les lancers de pierres ou de bouts de ferraille dans les caves, qu'est-ce que c'est ? Des jeux de gosses ou des conflits sérieux ? Des instants de vie intenses, mais peut-être pas plus que ceux durant lesquels Yazid et ses copains jouent aux billes dans le sable ou glissent sur le toboggan, ou bien des instants de nature spécifique qui formeraient comme l'esquisse de futurs comportements violents ? Ces questions sont en elles-mêmes indécidables. Seule la réalité qu'elles traduisent décide pour elles, oriente et détermine les réponses. Aussi, ce sont souvent les autres qui transforment des jeux de mômes en des comportements d'agression, qui

1. Précisons que nous ne faisons pas seulement référence à la violence des jeunes, laquelle a bien souvent tendance à arranger tout le monde car elle permet aux autres de croire qu'ils en seraient dépourvus. La violence des jeunes, surtout si elle se manifeste de façon visible ou spectaculaire, masque, d'une part, la violence qui leur est faite, d'autre part, celle qu'ils s'infligent ou retournent contre eux-mêmes. Mais elle a aussi le « mérite » de rendre moins visible – et du coup, croit-on, moins préoccupante – la violence des autres. Sur la violence des jeunes comme « forme d'hyperintégration au groupe », nous renvoyons aux analyses de Didier Lapeyronnie. (Voir note 2, p. 139.)

transforment même les mômes en des « violents », c'est-à-dire non plus des enfants parfois capables d'accès brusques mais des enfants figés dans leur rapport violent au monde.

Il faut être deux pour entrer en conflit ou se bagarrer, mais il faut la force, le regard et la pression d'autres – l'entourage, la bande, le quartier – pour transformer ce qui n'aurait pu être qu'un jeu ou un moment provisoire en une désignation collective de violence. Yazid le dit, c'est quand les autres sont là que le jeu devient sérieux, ces autres qui regardent, assistent et parfois même sont venus pour ça. La violence, parce qu'elle attire, devient peu à peu la grille de lecture d'actes ou d'événements qui dans un autre contexte auraient pu être qualifiés et interprétés différemment.

Mais ce n'est pas encore suffisant. Car Yazid et ses amis n'étaient pas violents n'importe quand ou contre n'importe qui. Ils l'étaient notamment à l'égard de ceux qu'ils considéraient comme leurs ennemis.

L'art ou la faculté de se fabriquer des ennemis est sans doute aussi ancien que l'apparition de l'homme sur terre. À croire que l'autre ne peut jamais être un autre neutre, mais doit nécessairement rejoindre le camp de ses amis ou de ses ennemis, soit de ceux qui font partie du cercle de nos affections ou de nos sympathies, soit, à l'inverse, de ceux qui n'en sont pas et que l'on tient à distance, dans une prétendue incompatibilité essentielle avec soi-même ou le groupe auquel on appartient.

La propension à se fabriquer des ennemis est fréquente dans les quartiers ou les cités. Les habitants déploient une part notable d'énergie à répartir les autres dans des catégories strictement définies et aux frontières rigides, suivant un jeu subtil de distinctions hiérarchisées sur lesquelles se fondent des processus de construction identitaires, fussent-ils négatifs. Ce sont les « habitants du quartier » contre « ceux du centre-ville » ou les « habitants du quartier » contre « ceux d'une autre cité », ce sont les « pauvres » contre les « riches », les « Arabes » contre les « Français » ou les « Beurs » contre les « Blacks », les « anciens locataires » contre les « nouveaux arrivants », les « jeunes » contre leurs « parents », les « adultes » contre les « enfants », le jeu est illimité [2].

Il y a d'ailleurs tout un vocabulaire ou une sémiotique de l'« ennemisation ». Certaines attitudes, postures ou conduites sont lues comme le signe d'appartenance ou d'inclusion au groupe ami ou, au contraire, comme la marque qu'on n'en fait pas partie. Regarder ou être regardé de travers, parler mal de quelqu'un, réagir promptement ou de façon disproportionnée afin de réparer l'affront, fuir ou baisser la tête... Ces comportements, ces regards et ces gestes sont marqués et lus comme les signes d'une alliance ou d'une animosité, de l'appartenance à tel groupe ou de l'exclusion de tel autre. Dans un tel contexte, aucune posture ou façon d'être ne peut être neutre, aucune ne peut rien signifier.

---

2. D. Lapeyronnie, « L'ordre de l'informe. La construction sociale et politique du racisme dans la société française », *Hommes et migrations*, n° 1211, janvier-février 1998.

On pourrait objecter que le contexte ou l'environnement sont pour une part subjectifs ou fabriqués, car ils relèvent de la perception – individuelle et collective – et des représentations des habitants. Mais, dans ce cas, cherchons-en l'origine. Cherchons d'où vient ou sur quoi s'appuie cette propension à se trouver des ennemis ou à le devenir soi-même, à être confronté à la violence ou à être soi-même violent. Car qui est ennemi, ou qui est l'ennemi par excellence, si on relit le récit de la vie de Yazid ? Réponse, le Français quand on est arabe et le « riche » quand on est « pauvre ». Et les raisons qui poussent à faire du « Français riche » son ennemi, ou à le considérer comme tel, s'appellent racisme, injustice, honte et discriminations. Nous reviendrons sur les dernières, attardons-nous sur le premier.

Ce qui me frappe, lors de mes interventions dans certains quartiers et de l'observation de la vie des habitants, c'est la présence et la prégnance de certaines formes de racisme, ou plus précisément de xénophobie, dans le langage, les comportements, les attitudes et les relations entre les habitants. Le rapport à l'autre différent de soi, différent notamment sur le plan du pays, de la culture, des us ou des mœurs et de la « race », n'est pas une simple figure de style.

Laissons de côté, puisque nous en sommes à comprendre et à analyser des réalités concrètes, l'image naïve d'un *melting-pot* réussi ou le mythe d'une nation unie au-delà de ses différences sociales, culturelles et ethniques. Certes, nous savons que la race est une notion scientifiquement vide et qu'à ce titre au moins le racisme est une théorie condamnable, mais dans les réalités vécues et les expériences concrètes des cités et des quartiers, là où justement des différences sociales et ethniques se côtoient, la « race » n'est pas une notion mais un repère et une pratique, elle existe « en tant que catégorie historiquement, socialement et culturellement construite. Elle traduit même sans doute une expérience essentielle du monde social et elle entre en jeu dans la construction de l'identité des groupes et des personnes [1] ».

Pour prendre acte de ce phénomène et comprendre qu'il s'inscrit au cœur d'une réalité, il faut s'entendre sur ce que l'on appelle racisme. Il ne s'agit pas ici d'une idéologie, d'un type de discours ou d'un ensemble de procédures, parfois officialisées et institutionnelles, de discrimination et d'exclusion. Il s'agit plutôt d'une façon d'être qui s'inscrit d'abord dans des pratiques et dans des corps, en d'autres termes d'un « mode d'expérience [2] » qui permet d'appréhender et de donner forme et sens à la réalité dans laquelle on vit.

Notons que ce processus qui conduit à identifier et à stigmatiser l'autre comme membre d'une culture ou d'une « race » particulière – un Français, un « Beur », un « Black » – n'est bien souvent, comme pour les relations ou les rapports de violence, que le retour ou la réponse à une identification et à une stigmatisation premières. Aussi la lecture de ces phénomènes doit-elle toujours se faire à un double niveau. La bande à laquelle appartient Yazid attaque les gosses qui vont au centre aéré. Ceux-ci sont pour la plupart des Français issus de familles plus aisées que celles des membres de la bande, en majorité composée de jeunes Maghrébins. L'ennemi est donc à la fois un ennemi

1. D. Lepoutre, « Les difficultés de l'interethnicité », *Panoramiques*, n° 44, 1er trimestre 2000.

2. D. Lapeyronnie, *op. cit.*

de « race » et, nous y reviendrons, un ennemi de classe. Mais, inversement ou symétriquement, les membres de la bande de Yazid se sentent d'autant plus autorisés à se battre contre ceux qu'ils considèrent comme de « riches petits Français » qu'eux-mêmes sont constamment renvoyés au fait de n'être souvent que de « pauvres Arabes », en tout cas de se sentir comme tels.

Qu'est-ce qu'être arabe ? C'est être d'une culture et d'un pays, s'inscrire dans une lignée, recueillir, transmettre et modifier des rituels et des traditions, se reconnaître autour de pratiques partagées. Mais être arabe, lorsqu'on est fils d'immigré et que l'on vit dans une cité, c'est, selon Yazid, d'abord connaître et vivre la honte. Nombreux sont les fils rouges qui parcourent et traversent le récit de sa vie. Celui de la honte, vécue et transmise, est sans doute le plus saisissant. Elle doit se lire à plusieurs niveaux et en plusieurs temps.

Il y a d'abord la honte dont on hérite, liée à l'arrivée et à la vie en France des parents ou des aînés, ceux que l'on a appelés les premières générations d'immigrés. Les adultes de la génération de Yazid, comme les jeunes d'origine maghrébine qui vivent aujourd'hui dans les cités ou les quartiers, connaissent très peu de choses sur l'histoire et la vie de leurs parents. On pourrait alors se demander ce qu'on a fait à ces derniers, particulièrement aux pères, pour qu'ils soient restés si muets.

Nous connaissons dans les grandes lignes leur arrivée et leur vie en France. Ces pères algériens, marocains ou tunisiens, que l'on a fait venir nombreux après la guerre pour reconstruire notre pays et relancer son économie, étaient pour la plupart analphabètes. Ils seront employés comme manœuvres dans leur grande majorité, les plus chanceux seront ouvriers spécialisés. Ils quitteront leur campagne pour venir vivre dans des foyers où ils travailleront et dormiront par roulement, acceptant des conditions de travail pénibles, des petits salaires et une forte mobilité [3]. Ces premiers arrivés auront finalement assez peu de

---

3. Y. Benguigui, *Mémoires d'immigrés*, Canal-Plus Éditions, Paris, 1997.

contacts avec les Français et préféreront ou seront contraints de rester entre eux. Dans le monde du travail, pour la plupart le seul qu'ils connaîtront, ils feront l'objet d'humiliations et de vexations qui les cantonneront dans un entre-soi dont on aura beau jeu de leur faire reproche quelques années ou décennies après. Comme on aura beau jeu de reprocher à certains leur défaut d'acculturation ou leur manque d'intégration, alors que les mécanismes ou les procédures qui le leur auraient permis soit leur ont été fermés, soit ont été rendus inefficaces par la volonté ou le désir d'une partie de la population française de les maintenir à distance et de les isoler dans leur différence [4]. Aussi, la vie en France de ces premières générations d'immigrés aura été pour beaucoup un échec, dont leurs enfants ressentent aujourd'hui la blessure et l'humiliation.

Il faudrait toutefois, comme Yazid nous y invite, remonter encore plus haut ou plus loin dans la chaîne de la honte dont les jeunes générations d'origine maghrébine cantonnées dans les cités ou les quartiers payent aujourd'hui le prix. Je ne peux y insister ici, mais les indices que nous pourrions recueillir sur ce sujet ne sont rien de moins que les signes manifestes d'un sentiment d'infériorisation d'une culture et d'un pays, pour faire vite, les Arabes d'Algérie, à l'égard de la France. Comment expliquer en effet l'attirance et la fascination d'une partie des Algériens pour un pays qui les a colonisés et pour une part opprimés, mais à l'égard duquel des générations entières entretiennent et transmettent l'illusion de la prospérité et de la réussite [5] ?

Éclairante, dans cette optique, est la présentation que Yazid fait de l'Algérie lorsqu'il s'y rend en exil, après sa cavale et sa fuite. Sans doute que ses observations, ses étonnements et ses

4. Sur ce « racisme différencialiste », voir B. STORA, *Le Transfert de mémoire. De l'« Algérie française » au racisme antiarabe*, La Découverte, Paris, 1999.

5. J.-L. RICHARD, « "Trente glorieuses" : quand les immigrés devaient rapporter », *Hommes et migrations*, 1221, septembre-octobre 1999.

appréciations sont assez proches de ceux de toute personne qui découvrirait ce pays pour la première fois. Relisons notamment le passage consacré à Alger, que Yazid décrit comme une ville chaude et sale, bruyante, grouillante et insécurisante, quasi pas « civilisée ». Ou arrêtons-nous sur les symptômes de pauvreté qu'il décèle dans la capitale ou dans son village, village dans lequel son père a presque crevé de faim, et sa mère pareillement dans le sien. Instructifs enfin, toujours pour comprendre cette honte, sont les efforts de Yazid, le « Français » ou l'« immigré », pour qu'on ne puisse pas le confondre avec les jeunes Algériens, desquels il fera tout pour se différencier et se distinguer. Or, qu'est-ce que le désir de distinction, si frappant chez une majorité d'habitants des quartiers ou des cités ? C'est le désir de sortir de la honte par l'effort entrepris pour sortir du groupe ostracisé aux membres duquel on ne veut plus ressembler.

La honte vécue et transmise par les aînés n'est pas, loin s'en faut, de nature seulement culturelle ou ethnique. Elle est autant, voire davantage, de nature sociale et économique ; elle est une honte de classe. Parce que, avant d'être des « Arabes », les immigrés maghrébins sont des paysans analphabètes et pauvres. Aussi le mépris dont ils font l'objet, et dont leurs enfants hériteront, est-il celui que les classes élitaires ou désireuses de se distinguer ont toujours porté sur le paysan ou sur le pauvre, sur les masses laborieuses et dangereuses, sur la misère inquiétante et menaçante que l'on a volontairement reléguée dans certains espaces pour mieux la fixer. À cet égard, les quartiers ou les cités sont moins des zones de relégation ethnique, comme on se plaît à le dire, que des zones de relégation sociale et économique.

Il faudrait ici rappeler toute l'histoire de la banlieue, une histoire que l'on pourrait notamment lire à la lumière des duperies faites à ceux que l'on a priés d'aller s'y installer. Duperie que cette construction de grands ensembles pour loger et fixer une population de main-d'œuvre nécessaire au développement économique, à une époque où l'on commence à licencier et à réadapter le système tayloriste qui exigeait une masse de travailleurs non qualifiés [6]. Duperie aussi que la réorientation, au cours des années soixante-dix, des politiques de logement en faveur de la petite maison individuelle et de l'accès à la propriété [7], qui laissera aux habitants des cités le sentiment amer d'avoir été abandonnés. Duperie encore que la politique d'aménagement du territoire des années cinquante et soixante qui, « visant à corriger le déséquilibre entre la région parisienne et son environnement, offre un exemple historique de mise en dépendance économique des villes moyennes du Bassin parisien [8] » . Duperie enfin que le doublement de la ségrégation spatiale par une ségrégation sociale, c'est-à-dire une mise à l'écart des segments les moins qualifiés qui a conduit à la paupérisation croissante des populations vivant dans les quartiers.

Aussi, lorsque Yazid et sa bande s'attaquent aux « petits Français » qui vont au centre aéré, ils s'attaquent d'abord à des enfants de familles plus aisées, à ceux qu'ils considèrent comme des « riches ». Les « riches », ce sont ceux qui partent en vacances en famille, ceux qui ont des « vrais » cadeaux de Noël, ceux qui ne vivent pas à crédit, ceux dont les mères ne sont pas toujours obligées de compter et dans les familles desquels on n'est pas obligé de se repasser les vêtements pour qu'ils puissent durer ; ceux dont les parents savent lire, écrire et s'exprimer, et dont les pères n'achètent pas le journal pour ne l'ouvrir qu'à la page du tiercé. Symétriquement, lorsqu'il ne restera plus que des Arabes au Val-Fourré – avec les quelques familles françaises qui n'auront pas pu s'en aller –, cela signifie qu'il ne reste plus que des gens pauvres. On sait que les familles qui quittent le parc social sont plus aisées que celles qui les remplacent, il ne faudrait pas en plus s'étonner qu'elles soient pour partie

---

6. H. Vieillard-Baron, Banlieue, ghetto impossible ? Éditions de l'Aube, La Tour-d'Aigues, 1994.

7. H. Rey, La Peur des banlieues, Presses de la Fondation nationale des sciences politiques, Paris, 1996.

8. M. Tribalat, Dreux. Voyage au cœur du malaise français, Syros, Paris, 1999.

constituées d'étrangers ou de personnes d'origine étrangère, qui économiquement et socialement se situent aux échelons les plus bas. Aussi n'est-ce pas tant le fait de laisser vivre ensemble des « étrangers » qui conduit au mal-vivre et parfois à la violence dans un quartier ; c'est le fait d'y reléguer des familles qui cumulent des handicaps sociaux, économiques et financiers.

À cet égard, les vœux ou les tentatives d'instauration de « mixité » dans les quartiers, qu'un certain nombre prône aujourd'hui, peuvent laisser songeur. Outre qu'il faudrait cesser de réfléchir en termes de « mixité ethnique » au profit d'une mixité sociale et économique, on ne voit pas au nom de quelle vertu, par quel sens du devoir ou quelle baguette magique des populations aisées (ou plus aisées) – dont certaines ont d'ailleurs tout fait pour gravir les barreaux de l'échelle sociale et veiller à ne pas régresser – accepteraient de venir vivre dans des quartiers. Et même si c'était le cas, prenons garde de ne pas confondre mixage ou mélange et juxtaposition. Car il se peut que par des politiques volontaristes (dont les moyens engagés sont totalement disproportionnés par rapport aux résultats obtenus) et finalement autoritaires, l'on puisse faire cohabiter des populations différentes. Mais il ne s'agira justement que d'une cohabitation de deux groupes qui se rencontreront peu et ne se mélangeront guère, car l'un sera seulement là pour quelques années tandis que l'autre tendra à s'enraciner dans le quartier pour plusieurs générations. Ce que les premiers manifesteront au moment de leur départ, c'est leur éloignement et leur refus de vivre dans un endroit qui est le signe même de la chute et de la déchéance sociale et économique. Plus certainement aussi, et plus profondément, celui d'une déchéance morale et affective.

Car on pourrait, en passant, s'interroger sur le lien entre cette honte dont nous essayons de cerner les contours, honte qui parfois touche l'ensemble des habitants d'un quartier, et le vide ou la fragilité de certaines existences. Pourquoi en effet, dans les multiples analyses, descriptions et observations qui sont faites des cités ou des quartiers, les notions de mal-vivre ou de mal-être reviennent-elles si souvent ? Et, dans ce cas, ne pourrait-on considérer que la violence, le phénomène des bandes ou celui des prétendues « guerres ethniques » ne seraient en fait « que des paravents qui cachent la fragilité et la vacuité des existences [9] » ? Il y a bien sûr des délinquants, des rebelles ou des marginaux dans ces quartiers. Mais ils sont loin de constituer la majorité. La majorité, dans ces zones de relégation, ce sont des personnes qui souffrent d'ennui et d'impuissance [10], et d'un défaut d'existence. Et qui s'en plaignent. Leurs plaintes sont d'abord des plaintes qu'elles s'adressent à elles-mêmes, d'où de bien plus nombreuses manifestations de mal-être que des explosions de violence dans les quartiers. Mais il peut arriver, lorsqu'on n'a pas réussi à être ce qu'on voulait, que l'on accuse l'autre de nous en avoir empêché ou privé. La plainte se retourne alors contre cet autre, qui devient un ennemi, et la violence naît.

La honte que ressentent aujourd'hui les jeunes générations d'origine maghrébine, celle-là même qu'a vécue Yazid, ne leur a pas seulement été transmise. Elles la vivent aussi quotidiennement.

Comment la qualifier et la nommer ? Microbrimades de la vie quotidienne, racisme ordinaire, discriminations journalières, délit d'adresse ou de faciès... elle apparaît, et ce n'est pas un hasard, dans les espaces et les lieux de cohabitation et de confrontation des différences : les services publics, les commerces, les entreprises, les bureaux, l'habitat, les transports. « Ça fait mal quand on est assis dans un bus bondé et que la place libre à côté de vous reste libre », disait déjà il y a quelques

9. O. MONGIN, *La Violence des images*, Le Seuil, Paris, 1997.

10. Eric Fromm fait de l'ennui à la fois l'une des plus grandes pathologies de notre époque et l'une des causes majeures de la violence. J'adhère tout à fait à cette idée à condition de considérer l'ennui non comme une sensation passagère d'oisiveté, de relâchement ou d'absence, sensation qui à ce titre peut être bénéfique, mais comme un état général ou une façon d'être, notamment produits par l'impossibilité – ou la trop rare possibilité – d'être l'acteur de sa propre vie. Ce qui manque en effet à un grand nombre d'habitants des cités ou des quartiers, c'est d'être à l'origine ou d'être la cause des principaux moments de leur vie.

années le journaliste allemand Günter Wallraff, qui avait fait le pari de se mettre « dans la peau » d'un Turc, pour ressentir et vivre de l'intérieur les discriminations et le mépris dont les immigrés turcs faisaient l'objet [11].

C'est justement parce que le mépris et la honte se vivent et s'inscrivent au cœur de pratiques ordinaires, quasi anodines et peu spectaculaires, au cœur d'attitudes, de postures, de gestes et de regards, qu'il est difficile de les exprimer. Il est également difficile, parfois même impossible, de les saisir de l'extérieur, lorsqu'on n'en est pas soi-même l'acteur ou l'objet ; aussi échappent-ils à nos observations, encore plus à nos outils de mesure et d'évaluation, et finalement à nos possibilités d'agir.

C'est pourtant dans ces expériences et pratiques ordinaires que le rapport à l'autre s'établit, que les animosités et les conflits ou les affinités et les alliances se créent. C'est aussi là que commencent et bien souvent se terminent les sacro-saintes et très médiatisées notions, que l'on croit à tort désincarnées, de lien social et d'intégration. On pourra, autant qu'on le voudra, les évoquer ou s'y référer dans les livres, les colonnes des journaux ou sur les bancs de l'Assemblée, c'est ailleurs qu'ils doivent d'abord exister : dans les bus et les métros bondés, aux guichets, sur les paliers, en faisant la queue chez le boucher ou en allant pointer. Si ce n'est pas le cas, si le lien social et l'ouverture à l'autre ne se créent pas dans ces lieux et ces moments de la vie ordinaire, alors les exhortations morales, les rappels de la loi ou les appels à notre sens de la citoyenneté ou de la fraternité resteront vains et ne nous seront d'aucune utilité.

Mais, pourra-t-on rétorquer, de quoi exactement nous parle-t-on ? La honte, le mépris, les discriminations, les humiliations, les vexations, le racisme, est-ce une réalité dans notre pays et peut-on la mesurer ? Vaste sujet, auquel il conviendrait de répondre en deux temps.

11. G. WALLRAFF, *Tête de Turc*, La Découverte, Paris, 1986.

Car en effet, premier temps, nos principaux textes de loi, à commencer par le premier, la Constitution, d'une part, posent le principe de l'égalité des droits et, d'autre part, interdisent toute distinction, donc toute discrimination, qui s'exercerait selon le sexe, la race, l'origine ou la religion. Soit. Mais lorsqu'on observe les situations concrètes, il apparaît que ces principes, aussi nobles qu'ils soient, sont en fait totalement inefficaces. En effet, « au-delà d'une proclamation formelle, notre pays et nos institutions sont incapables d'assurer une réelle égalité des chances [12] ». Aussi peut-on à juste titre évoquer des formes institutionnelles et institutionnalisées de discrimination et de racisme à l'encontre des populations d'origine ou de culture étrangère.

Cela apparaît nettement dans le monde du travail, où l'on sait depuis longtemps que le chômage passe du simple au double, parfois au triple, en fonction des origines. Les refus ou les résistances à l'embauche de populations d'origine ou de culture étrangères sont souvent justifiés par de « bonnes raisons », qui vont du souci du client au choix de donner la priorité aux enfants du personnel, en passant par la volonté de préserver la paix sociale [13].

On connaît aussi, bien qu'elles soient peu étudiées et difficiles à mesurer, les discriminations dans l'accès au logement. Celles-ci ont pour conséquence de favoriser la concentration de personnes d'origine étrangère et prennent plusieurs formes. L'architecture ou le bâti peuvent en effet être discriminants, il suffit de regrouper des appartements de quatre ou cinq pièces dans un même immeuble pour que se retrouvent à vivre

12. V. de Rudder, C. Poiret et F. Vourc'h, « À Marseille, la "préférence locale" contre les discriminations à l'embauche », *Hommes et migrations*, n° 1211, janvier-février 1998.

13. Sur ces aspects, voir le livre de P. Bataille, *Le Racisme au travail*, La Découverte, Paris, 1997. Les discriminations dans le monde du travail semblent un phénomène tellement répété que le gouvernement a mis en place en mai dernier un Groupe d'étude sur les discriminations, ainsi qu'un numéro d'appel gratuit dédié aux discriminations raciales.

ensemble des familles avec enfants. On sait que l'on manque de studios ou de deux pièces dans les ensembles de la grande couronne et qu'à l'inverse on manque de grands logements dans ceux de la petite couronne. Par ailleurs, certains critères d'entrée dans le parc social ne permettent pas aux plus démunis d'y prétendre et les cantonnent dans certains lieux – qui deviennent vite des zones de concentration et de relégation – souvent fermés à toute forme de mobilité [14]. Enfin, on ne peut que constater, malgré la loi qui leur en fait pourtant obligation, la mauvaise volonté de certaines villes à construire des logements sociaux. C'est ainsi que des villes de la proche banlieue parisienne ont un habitat constitué à 60 % ou 70 % de logements sociaux, tandis que dans d'autres ce taux avoisine péniblement les 2 % ou 3 %. Rappelons enfin que les demandeurs de logements sociaux ont augmenté de 37 % entre 1988 et 1992, et que parmi eux figurent en bonne place des ménages immigrés ou leurs enfants [15].

Ce racisme institutionnel est d'autant plus difficile à mesurer, et du coup à combattre, que, nous l'avons dit, nos textes de loi nous interdisent de découper le corps social selon la race, l'origine ou la religion. Cela signifie que ceux-là mêmes qui font l'objet de ces discriminations peuvent difficilement être identifiés puisque leur « repérage » est interdit par la loi. Dans ce cas, comment « peut-on lutter contre un phénomène qui concerne des populations proprement innommables [16] » ?

Mais, et c'est le second temps de notre réponse, à côté de ces formes patentes de racisme institutionnel, qu'en est-il du racisme des gens ? Car c'est celui-ci, nous l'avons dit, qui, s'il existe, forme la trame de ces pratiques ordinaires qui sont à la source de la honte ou du mépris ressentis par les populations d'origine étrangère. D'autant que, Yazid le dit lui-même, quoique

---

14. H. Vieillard-Baron, « Les attributions des logements sociaux : des contraintes techniques au bricolage local », La Ville éclatée, L'Harmattan, Paris, 1998.

15. Sur la discrimination dans l'accès au logement, voir l'article de P. SIMON, « La discrimination : contexte institutionnel et perception par les immigrés », *Hommes et migrations*, n° 1211, janvier-février 1998.

16. *Ibid.*

ayant eu peu de contacts avec des Français (du moins jusqu'à sa période militante et son entrée dans la vie professionnelle), tous n'étaient pas racistes ou intolérants et un grand nombre d'immigrés ou enfants d'immigrés ont fait l'expérience d'une France généreuse et accueillante.

Il est très difficile d'apprécier l'importance du racisme ou de la xénophobie dans un pays à un moment donné. Sur quoi s'appuyer et qui croire ? Car même – comme de récents sondages auraient tendance à le montrer – si les gens se disent davantage racistes, peut-être est-ce seulement qu'ils s'autorisent davantage à l'exprimer [17]. Par ailleurs, on ne peut nier des phénomènes qui semblent plaider pour des formes complices de mélanges culturels, comme l'attrait de millions de jeunes pour la *world music*, où figurent en bonne place des rythmes africains ou kabyles [18]. Ou encore l'inscription dans notre paysage de fonctions ou de services tenus par des immigrés, dont la présence contribue au confort et à la convivialité de certaines zones urbaines et au maintien d'une ambiance propice au vivre-ensemble [19].

Ces phénomènes ne sont cependant pas contradictoires avec des formes latentes ou manifestes d'intolérance ou de racisme ordinaire. Car, pour faire vite, à côté d'un multiculturalisme choisi et plaidé, il y a aussi ce que l'on pourrait appeler un multiculturalisme subi qui a accompagné la « prise de conscience collective du caractère irréversible de l'installation des populations immigrées [20] » . Notre pays est certes devenu un

17. M. WIEWIORKA, « La production institutionnelle du racisme », *Hommes et migrations*, n° 1211, janvier-février 1998.

18. Cet attrait peut faire dire que « le temps que la société française a mis pour accepter les Beurs paraît extraordinairement rapide. Incontestablement, notre société paraît plus tolérante, va vers plus d'humanité, de compréhension et d'échange » (« Mélange des genres », entretien avec E. BASSET, *Hommes et migrations*, n° 1221, septembre-octobre 1999).

19. Sur cette contribution, voir notamment J. BAROU, « L'Arabe du coin et le Chinois du quartier, ou le commerce "ethnique" au service de tous », *Hommes et migrations*, n° 1221, septembre-octobre 1999.

20. M. GAUCHET, « Les mauvaises surprises d'une oubliée : la lutte des classes », *Le Débat*, n° 60, 1998.

pays « multiculturel » mais, demande Marcel Gauchet, « qui a décidé de ce changement, intervenu sans que personne l'ait à proprement parler voulu » et a-t-on vu qu'aient été créées les « conditions de [sa] ratification symbolique » par le peuple en son entier et en son sein par ceux qui allaient en être les premiers touchés ?

On aimerait tous profondément que le multiculturalisme et la confrontation avec des gens différents de soi soient perçus et vécus comme le signe d'un enrichissement personnel et collectif, et une avancée sur la voie de l'ouverture à l'autre et de la tolérance. On ne peut cependant nier qu'en certains endroits de notre pays et pour certaines gens, ils sont plutôt le signe d'une blessure et d'une dépossession. C'est cette France-là qui vit notamment dans ou à proximité des cités ou des quartiers et qui en appelle, de façon parfois dramatique, au rétablissement de l'autorité, de la sécurité et de l'identité, appels qui ont certes fait le lit et le succès du Front national, mais qui peuvent aussi être entendus comme l'appel des laissés-pour-compte, des « sans-grade » et des « petits » de notre pays [21].

C'est pour une part à cette France-là que Yazid et sa famille, plus généralement les habitants du Val-Fourré, ont été et sont encore confrontés. Et c'est de cette confrontation que le racisme naît. Et parfois s'installe durablement. Ce racisme, Yazid l'a vécu en tant que jeune Maghrébin habitant d'une cité, mais aussi en tant que délinquant. Or la xénophobie du peuple paupérisé se donne particulièrement à lire dans la peur qu'il a du « jeune délinquant », dont on redoute les actes et les comportements, et dont on dresse par facilité un portrait ethnique [22].

---

21. Sur ce point, voir notre ouvrage, *Comment ne pas devenir électeur du Front national* (écrit en collaboration avec C. Rojzman), Desclée de Brouwer, Paris, 1998 et « Tolérance et citoyenneté à l'épreuve de la vie ordinaire », *in* F. Haegel, H. Rey et Y. Sintomer (dir.), *Xénophobie en banlieue. Effets et expressions,* L'Harmattan, Paris, 2000.

22. Sur cet habillage de la peur par un discours issu du racisme traditionnel, voir O. Roy, « Les immigrés dans la ville », *Esprit*, n° 191, mai 1993.

L'ENVIRONNEMENT EST INSUFFISANT POUR EXPLIQUER les comportements et les agissements d'une personne parce que celle-ci ne peut pas seulement se réduire à l'ensemble de ses déterminations, aussi contraignantes soient-elles. Le parcours de Yazid est également le résultat d'actes qu'il a posés et de choix qu'il a faits. De plus, la force ou le poids des déterminations ne jouent pas toujours de la même façon, certes sur des individus différents, mais également sur le même, au fur et à mesure du déroulement de son parcours. Nombreux, dans celui de Yazid, sont les points de bifurcation qui au final rendent très improbable l'image d'une course linéaire et tranquille au profit d'un ensemble plus sinueux et chaotique. Enfin, on ne peut se contenter d'évoquer la force et la pression de l'environnement, ou l'influence des déterminations, si on ne les voit pas à l'œuvre concrètement. C'est ce jeu de forces qui permet de suivre de façon fine les processus par lesquels on devient « violent » ou délinquant. Parmi ces forces, il importe de discerner autant celles qui font poursuivre sur la même trajectoire que celles qui permettent d'en sortir. C'est sur ce maillage qu'il faut revenir en commençant non par la pression floue, quoique réelle, d'un environnement, mais par la force agissante et vive d'un entourage. L'entourage, c'est-à-dire essentiellement la famille et la bande.

Sur la première, nous nous sommes beaucoup interrogés, car la famille de Yazid, paradoxalement, est à la fois la toile de fond de son parcours et la grande absente. C'est en outre, il le dit à plusieurs reprises, un sujet difficile à aborder.

N'en concluons guère, comme on pourrait aisément le faire, que la discrétion ou le silence qui entourent ce qui relève de l'intime ou du privé seraient un trait distinctif de la culture arabo-musulmane ou kabyle. J'y crois peu et opterai plutôt pour en faire le trait saillant de la vision de ceux qui se sentent relégués et méprisés. Car enfin, et par exemple, le comportement et l'attitude du père de Yazid à ce sujet sont tout à fait différents lorsqu'il est en France et lorsqu'il vient retrouver son fils en Algérie. Ce même père, ouvrier immigré qui en France ne parle quasiment jamais de son histoire et de sa famille, n'aura de cesse, lorsqu'il sera en Algérie, de pousser les portes des maisons de ses frères, sœurs, tantes, oncles, nièces, neveux et cousins, afin de leur présenter son fils et de tisser autour de lui la toile des parentèles, des filiations et des alliances.

Les questions que nous nous posons sur la famille de Yazid sont aujourd'hui partagées par un grand nombre de ceux qui vivent ou travaillent dans les cités ou les quartiers. Lorsqu'on évoque – souvent trop rapidement – la « démission parentale », la « perte d'autorité » ou la « défaillance du rôle symbolique », nous nous interrogeons en fait sur la place et le rôle des familles et des parents. Car les parents de Yazid n'ignoraient pas que leur fils était délinquant, ils voyaient qu'il avait de l'argent et qu'il glissait des produits volés dans le réfrigérateur de la cuisine. Or de cela ils ne lui parleront pas ; ni des bagarres, ni des vols, ni des cambriolages, ni des séjours en prison, ni même de son exil. Comment le comprendre ?

Sans doute d'abord par l'impuissance et la honte... on n'en sort pas. Il me frappe, lors de mes interventions sur les quartiers, que l'une des façons par lesquelles les habitants tentent de sortir de la honte, c'est de l'oublier. Aussi voit-on d'étranges évolutions des comportements qui conduisent les habitants à s'adapter ou à s'habituer à un environnement qui est pourtant source de multiples insatisfactions, mais qu'ils s'efforcent de ne plus voir [1]. Le refus est le plus primitif des mécanismes de défense, et peu procèdent autrement. Que s'efforce-t-on précisément de ne pas voir et d'oublier ? Bien souvent ce sur quoi l'on ne peut pas agir. Ce n'est pas ce que nous ignorons qui nous prive d'action, c'est ce sur quoi ou contre quoi nous ne pouvons lutter. Aussi, la démission, la passivité ou l'indifférence dont feraient preuve les habitants des quartiers, et que l'on a tendance à condamner un peu vite, ne sont pas dues à l'ignorance mais bien plutôt à l'impuissance.

Mais l'impuissance ne fait pas tout et sans doute se mêle-t-il à cette impossibilité ou à ce refus d'agir d'autres éléments, parmi lesquels – et comme pour contrebalancer la honte – quelque chose qui ne doit pas être très éloigné de la fierté. Les parents de Yazid devaient d'une certaine façon être fiers de lui. N'est-ce pas être fier que d'appeler son fils le « Sloughi », nom donné à des lévriers réputés pour leur rapidité à la course, des lévriers arabes dont la couleur rappelle celle du sable ? Car le Sloughi courait en effet pour échapper aux policiers qui se lançaient à sa poursuite dans les rues du Val-Fourré ou à ceux qui le pourchasseront avec des chiens et des hélicoptères dans les montagnes du Gard. Le Sloughi, c'est celui qui ne se fait pas prendre car il est finalement plus habile ou plus intelligent que ses poursuivants. Le Sloughi est aussi membre d'une bande qui certes commet des délits, mais à l'intérieur de laquelle chacun fait preuve de solidarité, si bien qu'être en bande c'est se soutenir les uns les autres et se protéger, c'est aussi être fort et savoir se défendre. Se défendre contre « ceux d'en face », les Français, les « riches » ou les « racistes ». Se défendre soi, mais indirectement et à sa suite défendre aussi ses parents et sa famille. Être délinquant et être en bande, c'est permettre, à soi-même et à ceux que l'on représente, de se rebeller ; forme ancestrale et récurrente de la révolte des « petits » contre les « grands ».

1. On pourrait citer de nombreux témoignages d'habitants qui disent « finir par ne plus voir » la saleté et la dégradation de leur hall d'immeuble ou de leur cage d'escalier, alors qu'ils s'en plaignent continuellement et qu'ils en ont honte.

Il ne faudrait pas oublier des aspects plus pragmatiques ou plus utilitaires, liés au fait que les multiples petits trafics auxquels les bandes du quartier se livraient devaient *in fine* profiter à un plus grand nombre. Nous ne l'avons pas fait figurer dans le récit mais, au cours de l'un de nos entretiens, Yazid a raconté que, la bande ayant volé un coffre-fort dans une entreprise, ils ont dû pour en ouvrir la porte le précipiter en pleine nuit du haut d'une des tours du Val-Fourré. Cela fait, Yazid et ses amis ont pris les billets mais ont volontairement laissé les pièces, que les petits du quartier se sont empressés de ramasser le lendemain matin. Il y a du jeu dans tout cela, il y a aussi tout simplement le moyen de gagner de l'argent pour se procurer à moindre coût ou gratuitement ce qu'on ne peut pas toujours se payer. On peut à juste titre s'inquiéter de ces pratiques illégales, qui font d'ailleurs aujourd'hui florès dans certains quartiers. Car on sait que ces réseaux économiques informels peuvent à terme produire une économie de type mafieux – surtout si la drogue s'en mêle, ce qui n'était pas le cas à l'époque de Yazid. Mais ils peuvent aussi être la voie du retour à une économie dite « normale ». Dans tous les cas, c'est une économie de la « débrouille », dont l'histoire et les pratiques sont bien plus anciennes que celles des quartiers ou des cités [2].

De l'entretien qu'il a réalisé avec Khaled Kelkal en octobre 1992 [3], le sociologue et politologue allemand Dietmar Loch conclut que, dans un quartier comme celui qu'il a étudié à Vaulx-en-Velin, il y a parmi les jeunes générations d'enfants

2. Sur ce sujet, on pourra se reporter aux travaux de sociologie ou d'ethnologie de la culture populaire, notamment ceux de M. de Certeau, *L'Invention du quotidien*, 10/18, Paris, 1980 ; P. Sansot, *Les Gens de peu*, PUF, Paris, 1991 ou R. Hoggart, *La Culture du pauvre*, Minuit, Paris, 1957.

3. Pour mémoire, nous rappelons que Khaled Kelkal fut le principal suspect dans l'enquête sur les vagues d'attentats de l'été 1992. Poursuivi et armé, il a été tué après une fusillade par des gendarmes parachutistes de l'EPIGN en septembre 1995. Trois ans auparavant, Khaled avait accepté un long entretien avec Dietmar Loch, un chercheur allemand en sciences sociales et politiques qui avait réalisé une étude de terrain dans les quartiers difficiles de la banlieue lyonnaise, notamment à Vaulx-en-Velin. Cet entretien a été retranscrit dans son intégralité dans *Le Monde* daté du 7 octobre 1995.

d'immigrés ceux qui « partent bien » et ceux qui « partent mal ». En effet, précise-t-il, une grande partie des jeunes Franco-Maghrébins de Vaulx-en-Velin ont connu la réussite, et leur parcours dément l'image négative des quartiers [4]. Ils finissent d'ailleurs en général par les quitter. Quant aux autres, ils finissent par dériver dans la délinquance. Mais que signifie partir « bien » ou « mal » lorsque, au sein d'une même famille, les parcours des frères et sœurs peuvent être si différents ?

Yazid est le deuxième d'une fratrie de sept qui comprend quatre garçons et trois filles, et si l'un ou l'autre a sans doute volé et s'est bagarré – son frère aîné fera même un court séjour en prison à l'issue d'une bagarre dans une boîte de nuit –, aucun d'eux n'a été délinquant. Pour comprendre cette exception, deux éléments semblent importants : la place de Yazid au sein de sa famille et son parcours scolaire.

Sur le premier point, Yazid racontera, dans des passages qui ne figurent pas tous dans le récit, la « mauvaise place » qu'il avait, coincé entre son frère aîné – lequel, on le sait, occupe une position dominante et hautement symbolique dans la famille maghrébine – et son frère cadet, qui s'est révélé être un excellent élève. C'est sans doute un peu court pour poursuivre l'analyse, mais il a dû se jouer là des traumatismes et des manques affectifs et psychologiques qui conduisent Yazid à se qualifier de « mal-aimé ». Le point commun de ceux qui faisaient partie de la bande, dira-t-il encore, était notamment cette mauvaise part qu'ils avaient dans leurs familles respectives. Ces jeunes préféraient être dehors plutôt que chez eux et finissaient par marcher ensemble. Cet aspect est corroboré par plusieurs analystes de la vie dans les quartiers, qui observent que si un grand nombre de jeunes se trouvent dehors c'est sans doute parce

4. Il y aurait en effet beaucoup à faire sur ce sujet. Selon Michel Doré, délégué général adjoint des fédérations d'organismes HLM, on oublie par exemple que « sur 3,7 millions de logements HLM, 90 % ne connaissent pas de problèmes. Les 10 % restants sont à ce point stigmatisés qu'ils exigent une action symbolique » (« HLM, casser les ghettos », enquête de F. Granon, *Télérama*, n° 2632, 21 juin 2000).

que la rue est un excellent terrain de jeux et un bon moyen de socialisation, mais c'est aussi parce qu'ils ne trouvent pas (leur) place chez eux.

Khaled Kelkal dira également, en un raccourci qui pourrait avoir valeur de formule : « Plus j'avançais dans la délinquance, moins j'avais de contact avec la famille. » Il établira même un lien entre l'éloignement de sa famille et sa sortie du système scolaire : « Mes parents, tous les jours, ils me disaient : il faut que tu réussisses. Ma mère était fière de moi mais c'était dur. Quand j'ai arrêté l'école, ma mère, toute la famille, m'en a voulu. Ah oui ! Je me sentais totalement coupé de ma famille. Et c'est là que je suis parti vraiment de travers [5]. » Yazid ne dira pas autre chose lorsqu'il évoquera son passage en sixième de transition. Ce passage a eu une triple conséquence. Il l'a éloigné de ses frères et sœurs, et du rituel des devoirs collectifs que les enfants, petits, exécutaient sous la houlette sévère de leur sœur aînée. Il est apparu aux yeux de sa famille comme celui qui ne pouvait pas suivre alors que sa sœur et son frère cadets, dans le même temps, se révélaient être des élèves brillants. Enfin il a découvert, dans le collège où il est envoyé, certes la violence des jeunes qui, comme lui, se retrouveront dans une classe qu'ils n'auront pas choisie, mais également la violence du système scolaire.

On parle beaucoup depuis quelques années de la violence à l'école, mais on en parle souvent comme d'une violence extérieure qui viendrait heurter un monde tranquille et innocent. On oublie, ce faisant, la violence produite par l'école elle-même et faite aux enfants. S'ennuyer, être si peu écouté qu'on préfère se faire oublier, être catalogué comme « bon » ou « mauvais », ne pas pouvoir communiquer... sont quelques-unes des formes que peut prendre cette violence à la fois institutionnalisée et ancrée dans des pratiques d'autorité [6].

---

5. Entretien de Khaled Kelkal avec Dietmar Loch, *op. cit.*

6. Sur cet aspect, voir l'ouvrage de B. Defrance, *La Violence à l'école*, Syros, Paris, 1988 (première édition), et celui de M.-D. Pierrelée et A. Baumier, *Pourquoi vos enfants s'ennuient en classe*, Syros, Paris, 1999, ainsi que l'excellent numéro de la revue *Panoramiques*, « La violence à l'école, toute réflexion faite », n° 44, 1er trimestre 2000.

Cet aperçu sur le poids et l'influence de la famille montre que celle-ci joue doublement. Comme un lieu dont Yazid veut s'éloigner parce qu'il n'y trouve pas sa place. Mais aussi, quoique plus indirectement, parce que l'entourage – parental, familial et plus largement local (le quartier) – se reconnaît et adhère en partie, voire approuve ses comportements de « violent » et de délinquant. On retrouve une même double influence au niveau de la bande.

La bande est certes un univers contraignant qui impose ses règles, ses rites et ses façons d'être. Yazid dira à plusieurs reprises qu'une fois dehors il est très difficile de lui échapper. Mais il est d'autant plus difficile de ne pas en être qu'elle est un formidable vecteur d'identité et de construction de soi.

On a souvent tendance à considérer que la violence et la délinquance s'expliqueraient par un vide social qui serait à l'origine d'un certain nombre de manques. Or il n'est pas du tout certain que ceux que l'on appelle aujourd'hui les « désocialisés » soient les plus violents. Il semblerait au contraire que la désocialisation conduise plutôt à l'indifférence, à l'inertie et à la dévitalisation, mais plus rarement à des formes manifestes et collectives d'expression de soi [7]. La violence, au contraire, particulièrement lorsqu'elle s'exerce à plusieurs, est à la fois signe de vie et construction d'un monde.

C'est tout un monde en effet que la bande à laquelle appartient Yazid, un monde hautement organisé, ritualisé et hiérarchisé, également un système de désignation et de promotion « sociale ». On est très loin du groupe informel et à configuration variable ou lâche auquel le terme de bande semble renvoyer. Manifestes sont à cet égard les qualités et les compétences nécessaires pour devenir ou passer « chef », et les attitudes

7. Le cas des SDF est à cet égard tout à fait patent. Les témoignages ou les analyses dont on peut disposer à ce sujet montrent que, dans les situations de « galère », les contacts et les relations entre les individus restent très éphémères : « *La vie est trop dure, trop aléatoire pour que la solidarité et l'amour y aient leur place. Chacun est tellement empêtré dans ses problèmes, a tellement à faire avec lui-même qu'il ne peut s'embarrasser des autres* », *in* Y. Le Roux et D. Lederman, *Le Cachalot. Mémoires d'un SDF*, Ramsay, Paris, 1998.

et postures qui lui sont liées. Parmi les premières, on compte bien sûr la force physique, un chef doit savoir se battre et être plus fort que les autres. Mais le chef est aussi doté d'un ensemble de qualités qui sont étonnamment proches de celles que l'on prête à l'homme en société, celles en tout cas qu'il devrait avoir : la discrétion, le courage, la ponctualité, la fiabilité, la tolérance et le respect. Plus, dans le cas de la bande, ces qualités se donnent à voir. On n'a pas à se méfier des apparences, car nulle différence ne s'interpose entre ce que l'on paraît être et ce que l'on est : l'habit fait le moine. Les chefs ou les durs portent sur eux les signes de leur distinction que les autres, qui n'aspirent qu'à leur ressembler, identifient rapidement et décodent aisément. Ainsi le chef, discret et lointain, porte-t-il des marques sur le visage, il sait en toutes circonstances se contrôler et ramener le calme autour de lui.

Mais les chefs et les durs sont aussi ceux qui savent parler, ou plus précisément signifier, c'est-à-dire mettre des mots et du sens sur les choses, pour décrire et expliquer la réalité. Cet aspect est particulièrement important car il rend encore plus improbable la supposée vacuité du monde délinquant, qu'on a vite fait de n'évaluer qu'à l'aune de ses vides, de ses insuffisances ou de ses ratés. Paradoxalement, ici c'est bien plutôt le « monde normal » (les aînés, la famille, l'école, le quartier) qui apparaît incohérent ou contradictoire et manque de sens, manque que viennent pallier les représentations et les significations que la bande lui attribue, suivant une grille de lecture qui peut être très élaborée. On comprend alors mieux pourquoi la bande est à la fois un vecteur d'identité pour chacun de ses membres, mais aussi un incroyable réservoir de ressources, de repères et de critères pour les jeunes qui ne se reconnaissent pas ou ne se satisfont pas de ceux qu'ils pourraient trouver dans les lieux ou espaces usuels de socialisation (de nouveau la famille, l'école, le travail, etc.).

Aussi ne devient-on pas délinquant uniquement par défaut (défaut de ce que l'on n'est pas ou n'a pas), mais on le devient aussi par choix. Ou, pour le dire autrement, on ne devient pas seulement délinquant pour fuir (ou combattre) un monde qui ne nous satisfait pas, mais aussi pour en gagner ou en créer un qui apporte de nouvelles significations et de nouvelles satisfactions.

Cette idée de choix fait largement écho au refus exprimé par Yazid de passer – ou de passer seulement – pour victime. Plusieurs fois en effet, il revendiquera la responsabilité de ses actes et concevra mal que l'on puisse les réduire à un ensemble de contraintes subies. C'est notamment pour cette raison que son retour en France, après quatre années passées en Algérie, lui sera difficile. De « coupable » et « mauvais », dira-t-il, je devenais « victime » et « bon ». Car, durant ces quatre ans, le regard porté sur l'immigration, sur l'échec vécu, et la honte ressentie par les parents ainsi que, conséquemment, les violences faites à leurs enfants vont changer. Cette évolution conduira à la naissance du premier mouvement d'expression et de revendication des Beurs.

Comme tout mouvement de ce type a besoin de figures symboliques destinées à justifier le sens de son action, Yazid sera l'une d'elles, et son entourage (ses frères, sa famille, les voisins, les « petits » du quartier, etc.) fera de Yazid le « taulard » et le « délinquant », la victime d'une histoire et de processus que ce jeune mouvement aura à cœur de dénoncer. La victime en question aura du mal à se dérober au nouveau rôle qu'on lui fera endosser et sera peu entendue dans ses tentatives d'expliquer qu'elle revendiquait une part de choix, de maîtrise et de responsabilité dans le parcours qui avait été le sien jusqu'à présent et dont elle n'estimait pas devoir être dépossédée.

De la même façon, Yazid aura des termes très durs à l'adresse de certains de ses compagnons de cellule ou de prison, qui refusaient de reconnaître qu'ils n'y étaient pas totalement arrivés par hasard et qui, selon Yazid, passaient leur temps à se plaindre du sort qui leur était fait. Si nous reprenons l'idée évoquée plus haut à propos de la plainte, Yazid aurait pu à la limite concevoir que ces prisonniers se plaignent de n'avoir pas réussi à être ce qu'ils voulaient (en l'occurrence des délinquants qui réussissent leur coup et ne se font pas prendre). Mais en aucun cas il ne pouvait accepter qu'ils accusent les autres (la société, les juges, la police...) d'être la cause de leur échec.

J'aurais assez tendance à suivre Yazid sur ce point. Car il conviendrait de nous méfier de notre usage de la notion de victime et plus largement de notre propension à la « victimisation », qui semble aujourd'hui largement partagée et qui forme comme le symétrique ou le pendant de la notion d'exclusion [8]. Faire d'un individu une victime, c'est uniquement s'intéresser à sa souffrance et oublier la part de conflictualité qui peut en être à l'origine. C'est aussi, comme pour la notion d'exclusion, repousser toute forme de responsabilité puisque chacun peut être une victime en puissance. Enfin et surtout, pour ce qui nous intéresse ici, c'est oublier ou refuser que la victime peut aussi être acteur et sujet, oubli contre lequel Yazid aura à lutter.

---

8. Sur les enjeux de cette « victimisation ambiante », voir A. GARAPON, « Une société de victimes », *in France, les révolutions invisibles*, Calmann-Lévy, Paris, 1998.

Quelles satisfactions Yazid a-t-il trouvées dans la bande et dans le fait d'être délinquant ? En quoi ce statut ou cette activité ont-ils pu être positifs, constructifs, et, pensons-nous, vitaux pour lui ?

Il y a trouvé en premier lieu une occupation, un métier. On a vu dans le récit qu'il ne cachait pas son attirance et son admiration pour les grands noms ou les grandes figures de la délinquance, du banditisme, voire du crime organisé ; nous y reviendrons. Mais il avoue aussi l'immense respect qu'il éprouve à l'égard des « honnêtes travailleurs du vol », c'est-à-dire ceux dont l'occupation journalière est de préparer des coups à leur mesure et de les réussir. C'est le cas de ce compagnon de cellule spécialisé dans les usines et qui monte son affaire en vivant dans des hôtels situés à proximité de son futur « lieu de travail » ; c'est aussi celui de l'homme avec qui il réalisera deux braquages peu de temps après son retour d'Algérie, que Yazid aime à décrire comme un professionnel qui, une fois sa journée remplie, rentre le soir chez lui et prend soin de nettoyer et de ranger le matériel qui lui a servi pour son « travail », en l'occurrence ses armes. Ces deux individus incarnent la figure du « délinquant honnête », humble, plutôt solitaire, discret, menant double vie sans que nul le sache et qui, dans la mesure où il ne se fait pas prendre, peut être crédité d'une compétence évidente dans sa pratique et son métier.

Encore ne s'agit-il pas de n'importe quel métier. C'en est un, précise Yazid, qui demande effort, concentration et intelligence ; il faut savoir se servir de sa tête, penser, réfléchir, anticiper, imaginer. Or ce ne sont pas tous les métiers qui permettent de développer de telles capacités. Ce ne sont en tout cas certainement pas ceux que Yazid a vu pratiquer par ses aînés et par les pères de famille immigrés. Frappant, à cet égard, est le contraste entre la description qu'il fait du métier de son père – ouvrier, manœuvre, en réalité homme à tout faire – et celui de voleur ou de délinquant [1]. Les qualités ou les compétences nécessaires pour effectuer le second sont inversement proportionnelles à celles qu'il faut avoir ou mettre en œuvre pour réussir dans le premier. D'une certaine façon, on peut considérer que le choix de Yazid d'opter pour le « métier de délinquant » est une réponse au non-choix de son père d'avoir pratiqué un métier avilissant. Indirectement, c'est la réponse de ceux qui choisissent de vivre autrement parce qu'ils refusent de se plier à des processus et à des règles ou de se mouler dans des fonctions qui brisent les potentialités et les forces de l'humain. Ou, pour le dire plus simplement, des processus et des fonctions qui rendent les gens plus bêtes qu'ils ne sont.

Yazid considère d'ailleurs que d'autres métiers auraient pu faire l'affaire. Il ne faudrait pas croire – et il ne le croit pas – que puisqu'il a décidé d'être délinquant, seul le métier de délinquant peut permettre de vivre ses potentialités et de développer pleinement ses savoir-faire ou ses compétences. C'est ainsi qu'il fait allusion à des métiers comme reporter, penseur ou chef d'entreprise, qui ont en commun à la fois une grande autonomie, la possibilité de se soustraire partiellement aux contraintes du temps (ce qui est à mettre en parallèle avec les horaires harassants de son père) et de faire vivre à ceux qui les pratiquent de multiples formes d'aventure.

---

1. Voir le chapitre « Vivre, rêver », p. 35.

Yazid a souvent utilisé ce mot au cours de nos entretiens. C'est même sans doute le premier aspect qu'il a évoqué lorsqu'il essayait de me faire comprendre ce que la délinquance avait pu lui apporter. L'aventure ou, pour en résumer les différentes formes et contenus, le plaisir qui lui est lié.

De ce plaisir, pluriel et multiforme, on ne pourrait ici reprendre toutes les occurrences ou manifestations dont le lecteur a pu trouver exemple dans le récit de la première partie. Insistons toutefois sur deux d'entre elles. C'est d'abord le plaisir lié au temps, le plaisir de pouvoir vivre un temps choisi et relativement peu contraignant : Yazid se lève quand il veut, va boire un crème ou manger des croissants à l'heure où certains, notamment son père et ses aînés, ont déjà fait plus du tiers de leur journée, il se promène, rend des visites, fait des rencontres, en fin d'après-midi va travailler, sous-entendu réalise l'affaire ou le coup préalablement préparés, sort le soir avec la bande au café, au restaurant, en boîte, ou avec des amies, et se couche au petit matin, non sans avoir fait une halte dans le bar situé près de la gare de Mantes pour se moquer de ceux qui y convergent et commencent leur journée de travail, la même depuis des années, ceux qui ont une tête fatiguée et un air triste et résigné.

Cette journée type, si l'on ose dire, n'est pas loin de ressembler à celle des quelques rares nantis oisifs ou rentiers qui ont le privilège de pouvoir se soustraire aux rythmes et cadences imposés par le labeur ou le travail. Peut-être même plus simplement imposés par la vie moderne ou en société, tant on ne voit pas, en dépit de la diminution du temps de travail et l'entrée dans ce que d'aucuns ont appelé la civilisation des loisirs, que ces rythmes aient diminué ou se soient modifiés.

Mais la bande ou la vie de délinquant, c'est aussi un plaisir du corps. C'est un monde de sensations et d'émotions que peu de choses pouvaient concurrencer, dans ce à quoi Yazid et ses comparses auraient pu prétendre s'ils n'avaient pas été voleurs et avaient choisi de se ranger. Bouger, prendre des risques, rouler vite, se battre, fuir, s'enterrer, être blessé, frôler la mort et parfois mourir... On imagine combien il peut être malaisé, après avoir connu ces sensations et ces différents jeux du corps, de trouver la force d'y renoncer pour tenter de s'en passer.

Certes, rétorquera-t-on, ces sensations et ces jeux font aussi souffrir. Justement. Car sans compter que le mal que l'on procure (faire mal à l'autre, se bagarrer...) est indissolublement lié à celui

que l'on ressent (avoir mal, se blesser, prendre des coups...), c'est tout de même une formidable manière de se sentir vivant, donner cours à l'énergie et à la vitalité que l'on porte en soi. Yazid et ses copains n'ont d'ailleurs rien inventé sur ce plan-là. Songeons toutefois que, selon moi et si l'on retient l'hypothèse que l'homme est un être qui cherche activement son développement optimal, nous n'avons pas fini de payer, socialement et collectivement, les vitalités brimées car non utilisées et non exploitées d'un certain nombre de nos concitoyens. Et, parmi eux, de certains jeunes des cités ou des quartiers.

À vrai dire, il y a deux moments ou domaines dans lesquels Yazid a pu retrouver des sensations et des plaisirs du corps proches de ceux qu'il connaissait : l'armée et le sport. Le second n'est pas étonnant, la première demande qu'on s'y arrête.

On pourrait en effet s'étonner du parcours plutôt heureux que Yazid a eu au sein de l'armée algérienne. Ce serait oublier que, comme la bande, l'armée forme un corps, lui aussi hautement élaboré et hiérarchisé, et que les valeurs de ce corps ne sont pas très éloignées de celles que la bande partageait. En outre, il devait s'y ajouter – élément que l'on trouve peut-être moins dans la société civile ou dans nos vies ordinaires – un sens aigu de la distinction qui ne semble guère éloigné de l'ancestral sens de l'honneur.

Mais l'armée est également un corps qui forme et conforme les corps. Or, qu'est-ce que Yazid a pu retrouver dans la performance physique, le goût de l'effort et de l'endurance, propres au parcours du combattant ou aux exercices d'instruction, sinon ce que le « Sloughi » avait connu en montant et en réalisant des coups dangereux, en se battant dans les fêtes foraines, en fuyant pour éviter les balles des propriétaires récalcitrants ou en courant devant les policiers qui le pourchassaient ?

Certes, l'armée n'a rien à voir avec une bande de délinquants, en termes de contenu du moins et de buts poursuivis ou de finalités. Mais pour ce qu'elle peut procurer en matière d'émotions et de sensations, ainsi qu'en certaines formes d'expression d'énergie ou de vitalité, le parallèle est loin d'être incongru. Si l'on accepte de dépasser le caractère déplacé de cette comparaison, on pourra alors considérer avec grand intérêt les pistes de réflexion et d'action qu'elle ouvre.

Notamment l'idée de passage et de transformation d'un même matériau, d'une même énergie, plus précisément d'un même caractère, de mêmes représentations ou de mêmes relations aux choses, dans des mondes différents. L'idée est ancienne et demanderait d'amples développements, mais elle me semble insuffisamment utilisée. Elle repose sur deux hypothèses, ou deux convictions.

La première est qu'on ne peut ni ne doit chercher à annuler ou à éradiquer la violence (ou le racisme ou l'intolérance ou la délinquance) mais qu'on doit plutôt tenter de jouer avec, afin d'utiliser autrement le matériau qui en est à l'origine, tant les besoins existentiels de l'homme peuvent être satisfaits de différentes façons. La seconde part du constat que, pour régler un certain nombre de problèmes qui sont les nôtres aujourd'hui, le rappel de la loi ou les exhortations morales, quoique nécessaires, sont insuffisants. Sans doute parce que la loi et la morale ne peuvent être efficaces que si elles s'appuient sur des structures, des mécanismes ou des processus qui font que les gens ont intérêt à respecter la loi ou à devenir des êtres moraux. S'ils trouvent davantage d'intérêt, de satisfactions ou de sens en ne respectant pas la loi ou en n'étant pas ce que l'on considère comme des êtres moraux – en l'occurrence en étant violents, racistes, intolérants ou délinquants –, alors on ne voit pas comment et pourquoi ils pourraient et devraient cesser de l'être.

Il est une autre motivation forte qui a poussé Yazid à faire le choix de devenir délinquant. C'est son refus exacerbé de vivre une « vie banale » et le plaisir qu'il a ressenti à être quelqu'un de différent.

On pourrait s'interroger sur ce qu'est une vie banale et objecter que la prétendue banalité du quotidien peut n'être que superficielle et receler des moments forts et riches en expressions de soi et en émotions. Ce serait oublier que la vie banale que Yazid réprouve et repousse n'est peut-être pas la vie banale de tout le monde. Celle à laquelle il fait allusion apparaît sous deux formes.

C'est, d'une part, la vie banale de son père et plus largement des pères immigrés, c'est, d'autre part, la vie des anciens de la bande qui n'ont pas réussi. De la vie du père de Yazid ou des pères immigrés, nous avons déjà parlé. Rappelons que, selon lui, il s'agit d'une vie subie, sans passions et sans réels choix faits, une vie de honte qui sous son aspect répétitif et monotone cache de la violence.

La seconde figure concerne les anciens de la bande ; le portrait que Yazid dresse d'eux, identique à celui des « petits » du quartier, les jeunes générations d'enfants d'immigrés, est tout à fait inquiétant. Ces anciens durs, en effet, qui s'étaient efforcés de vivre mieux que leurs pères et avaient fait vœu de ne jamais leur ressembler, ont échoué. Qu'ils soient pour la plupart sortis de la délinquance est une bonne chose, mais que ce faisant ils n'aient pas réussi et ne réussissent toujours pas à vivre mieux que leurs aînés est autrement plus préoccupant. Selon Yazid, ces anciens, ainsi que les « petits » qui forment la troisième génération d'enfants d'immigrés, ne vivent pas différemment de leurs pères ou leurs grands-pères il y a quarante ou cinquante ans. Ils sont toujours dans le quartier, dont ils n'arrivent pas à sortir, et font des métiers aussi peu intéressants et aussi peu valorisants que ceux de leurs pères. Du moins pour ceux qui ont un métier ou qui ont pu trouver du travail, compte tenu de la nouvelle donne socio-économique et du chômage, dont leurs pères ont au final peut-être moins violemment ressenti les effets car ils ont travaillé.

Ainsi, de la génération des pères immigrés à celle des jeunes des quartiers aujourd'hui, rien n'aurait changé. Rien n'aurait changé non plus, nous l'avons vu, en matière de racisme et de discrimination. Il n'est pas facile, avons-nous dit précédemment, d'apprécier l'importance du racisme dans un pays à un moment donné. Il n'est pas non plus facile d'apprécier l'évolution de la qualité de vie ou du bien-vivre d'un groupe humain au cours des années.

La question de savoir si les deuxième et troisième générations d'enfants d'immigrés vivent mieux que leurs aînés est complexe. Il faudrait d'abord s'entendre sur ce que l'on appelle « bien vivre » et se doter des critères et des indicateurs qui permettraient d'en suivre et mesurer l'évolution. Pour ce que je peux en savoir ou en percevoir lors de mes investigations dans les cités ou les quartiers, l'évolution vers une amélioration ou un mieux-vivre ne semble pas aller de soi. Et nous aurions grand tort à cet égard, pour ne considérer que ce critère-là, de croire que le retour de la croissance, auquel nous assistons aujourd'hui, bénéficie à tous. Il semble que l'« exclusion » subsiste bel et bien. Il semblerait même qu'elle prend un nouveau visage car elle s'exerce bien au-delà du simple registre social et économique. Parmi les adultes ou les jeunes que je rencontre, certains sont en réalité très loin de pouvoir accéder aux mécanismes et processus basiques qui pour d'autres garantissent le niveau minimal de socialisation ou de structuration, individuelle et collective. Pour certains, c'est un immense travail de reconstruction de soi qu'il faudra entreprendre.

Être délinquant, c'était pour Yazid refuser une vie banale. C'était surtout la possibilité d'être ou de se sentir quelqu'un de différent. Nous avons déjà relevé l'énergie qu'il avait déployée, lors de son séjour en Algérie, pour se distinguer des jeunes Algériens non immigrés. Ce désir de distinction, avons-nous encore dit, est très fort dans les cités et les quartiers. Il conduit les habitants à produire et à introduire des jeux de différence, des ordres et des hiérarchies au sein de la population. En quoi ce désir de différenciation ou de distinction est-il si important ?

Tout d'abord parce qu'il traduit et donne corps à un thème souvent débattu aujourd'hui qui a trait à ce que d'aucuns appellent la crise de la citoyenneté et du modèle républicain.

Pourquoi en effet, se demande-t-on, notre pays ne parviendrait-il pas (ou peu, ou mal, ou moins vite) à « intégrer » les populations d'origine ou de culture maghrébine, comme il aurait su intégrer d'autres populations d'origine étrangère, tels des Polonais, des Italiens, des Espagnols ou des Portugais ? C'est sans doute parce que si cette « intégration » a réussi, c'est qu'elle n'était pas seulement de nature éthique et politique. Elle était aussi avant tout une promesse de progrès économique, matériel et social. L'intégration, ou ce que l'on a encore appelé « assimilation », allait de pair avec l'espoir et la garantie d'un mieux-vivre.

Indépendamment d'ailleurs de l'intégration de populations « étrangères », la France, elle-même, ne s'est-elle pas faite ainsi ? La République, érigée dans un pays aux trois quarts rural dans lequel les attachements locaux, professionnels et familiaux avaient un poids considérable, ne s'est-elle pas faite, contre ces traditions et ces attachements, dans une « dynamique d'arrachement [2] », en vue d'une amélioration du bien-vivre et du bien-être individuels et sociaux ? Or c'est ce bien-vivre ou cette amélioration-là que notre pays ne peut plus garantir à tous aujourd'hui. Et c'est ainsi que l'on trouve en certains endroits, notamment dans les cités ou les quartiers, des gens qui ne sont mus par aucune promesse ou aucun espoir de voir un jour leur sort s'améliorer.

Peut-on alors s'étonner que, pour contrer leur peur ou leur crainte de stagnation ou de rég-ression, ils soient les auteurs ou les objets de multiples formes d'agression [3] ? Le désir de différence et de distinction peut se comprendre comme ce qu'il leur reste ou ce qu'ils ont à leur disposition pour redonner sens à leur existence, c'est-à-dire pour se redonner ou reprendre forme [4].

---

2. J. ROMAN, « Pour un multiculturalisme tempéré », *Hommes et migrations*, n° 1197, avril 1996.

3. Pris dans leur sens étymologique, les deux termes ont une signification strictement inverse. Agression signifie « aller ou marcher de l'avant », régression signifie « aller en arrière ».

4. Nous empruntons cette expression à D. LAPEYRONNIE. Selon lui, en effet, le racisme permet *« d'affirmer une différence.* [Il] *constitue une sorte de point d'appui pour s'extirper du marécage* [informe] *que constitue* [la vie dans] *le quartier »*, *in* « La construction sociale et politique du racisme dans la société française », *op. cit.*

Qu'en étant délinquant Yazid ait voulu être différent et ne pas vivre la vie banale de ses aînés ou de ses parents, voilà qui semble clair, et nous en avons montré les raisons. Mais par quelle autre vie, ou mode de vie, désirait-il la remplacer, c'est ce qu'il nous faut comprendre plus finement.

Pour cela, il faut revenir sur les modèles, les figures ou les personnages dont il s'inspire et qu'il aurait voulu être. Ses héros s'appellent, au choix, Chéri-Bibi, Pierrot le Fou, Mesrine, Spaggiari, Scarface ou le Parrain, qui ont en commun au moins trois caractéristiques. La première, c'est que ce sont de grands professionnels de la délinquance organisée qui ont pour la plupart réussi. Quoiqu'ils en aient payé le prix, ils ont été, selon Yazid, des délinquants heureux et chanceux, et si certains ont mal fini ou sont morts brutalement, au moins ont-ils bien vécu, au moins ont-ils été des « vivants ». La deuxième caractéristique, peut-être plus troublante, c'est qu'ils ont prodigué du bien autour d'eux. L'image du Parrain est à cet égard la plus évocatrice. Le Parrain est cet homme vieillissant, cet ancien aimé et respecté de tous, du moins dans sa famille, qui a, durant sa vie, été droit et honnête en affaires et qui a fait le bien autour de lui. Le bien ? Celui même que Yazid aurait aimé faire s'il avait persisté dans la voie de la délinquance. Celle-ci aurait pu le conduire, dit-il, soit à devenir receleur, comme le sont la plupart des anciens voleurs qui se recyclent, car on se recycle aussi dans ce métier-là, soit à devenir tueur, comme certains de ses héros, qui furent aussi, troisième caractéristique, quelques-uns des grands noms du crime organisé.

Laissons là l'image somme toute très sympathique d'un Chéri-Bibi ou celle, séduisante, voire très attirante, du Parrain, pour considérer sérieusement cette éventualité. Que Yazid considère comme possible et envisageable de devenir tueur ne nous conduit à rien de moins qu'à la question de *sa* morale, plus largement de *la* morale. Il aurait pu ou pourrait tuer, dit-il. Plus précisément, il aurait pu ou pourrait devenir tueur dans *notre* monde. Mais qu'est-ce que notre monde à ses yeux ? Un monde injuste.

Par nature ou par essence, la morale est universelle et n'a théoriquement pas à tenir compte des réalités concrètes et matérielles des circonstances et des situations que le rigorisme même de ses principes et de ses lois invite à dépasser [5]. Ainsi, quelles que soient la réalité dans laquelle on se trouve et les situations de vie que nous connaissons ou subissons, les principes, les règles ou les lois morales demeurent inchangés et doivent s'exercer ou s'appliquer pareillement. Toutefois, nous avons la conviction que nos idées, nos pensées, nos représentations, donc nos principes, nos valeurs et notre morale ne viennent pas du ciel ; ce sont les descriptions organisées de nos histoires et de nos vécus.

Idéalement, peut-être pourrait-il ou devrait-il y avoir une morale unique. Concrètement, il n'y a pas de morale en soi, il n'y a que les morales qui correspondent à certaines réalités ou situations de vie. Ou, pour le dire autrement, les principes ou les exhortations morales habituelles ont du sens pour ceux qui soit peuvent réellement les mettre en pratique, soit, et c'est finalement la même chose, peuvent trouver intérêt à le faire. Disons-le encore d'une autre façon. La morale, comme tout modèle qui se prétend universel, n'en réfère pas moins ou n'en est pas moins liée à une réalité ou à une situation historiquement et géographiquement données. Et bien souvent les consensus qu'elle induit, autour desquels le grand nombre se rassemble, se sont érigés sur le « dos des plus humbles [6] ». Tout ordre ou modèle cautionne un rapport de force que l'on peut ne pas voir dans la mesure où le plus grand nombre s'en trouve satisfait.

---

5. Sur ces aspects bien connus, nous renvoyons à l'un des textes fondateurs de notre pensée de la morale, *Fondement de la métaphysique des mœurs*, d'Emmanuel KANT. Dans ce texte, Kant jette clairement une sorte d'« interdit anthropologique » qui doit nous éviter d'avoir à considérer les circonstances et les situations pour savoir comment nous devons agir, si toutefois nous voulons agir en êtres moraux. Kant s'est encore mieux exprimé à ce sujet dans *Du droit de mentir par humanité*, où il montre à la fois la difficulté qu'il y a à tenir compte de ces circonstances et les impasses (morales) auxquelles cela peut conduire.

6. D. TILLINAC, *Les Masques de l'éphémère*, La Table ronde, Paris, 1999.

Mais lorsqu'on décèle ou démasque ce rapport de force, parce que les satisfactions qu'il procurait jusqu'à présent ne sont plus aussi fortes ou bien parce qu'un nombre moins grand de personnes peut en tirer profit, alors on réalise que la plupart du temps ces forces et ces pouvoirs couvraient une « indignité majeure [7] ».

Or c'est bien un monde indigne que celui décrit par Yazid. Un monde dans lequel il y a des dominants et des dominés, des oppresseurs et des opprimés, ou plus simplement une poignée qui détient et contrôle beaucoup face à un nombre important de gens qui ont peu et ne contrôlent quasiment rien, en général pourrait-on dire, et plus spécifiquement pour ce qui concerne leur propre vie.

On pourra nuancer cette vision tristement binaire en évoquant le fait que ce ne sont pas toujours les mêmes qui occupent ces places... quoiqu'on pourrait fortement en douter, ou encore, comme nous n'avons cessé de l'écrire tout au long de ce texte, que l'oppression ou la discrimination que l'on fait subir à l'autre peuvent n'être bien souvent que le pendant ou la réponse à celles que l'on subit soi-même. C'est en tout cas vrai de la violence, c'est aussi souvent vrai de la honte ou du racisme, pour ne considérer que quelques-uns des phénomènes auxquels cela pourrait s'appliquer.

Pour revenir à la morale et aux quartiers, plus singulièrement à ce qu'on pourrait appeler la « question de la morale dans les quartiers », précisons encore deux points. Le premier est qu'il ne faudrait guère conclure de cet aperçu rapide qu'il y aurait, d'un côté, des êtres dotés de morale et, de l'autre, des êtres qui n'en auraient pas. Car enfin, le lecteur aura pu s'en apercevoir, on peut parfaitement être délinquant et pourvu d'une haute moralité, si l'on entend par là, d'une part, la capacité à percevoir et à reconnaître, d'autre part, celle d'agir suivant le bien ou le mal, le bon ou le mauvais. Ainsi, pourquoi ne pas

7. *Ibid.*

croire Yazid lorsqu'il dit que l'une des motivations qu'il aurait trouvées ou trouverait à tuer, donc à faire le mal, serait en vue de pouvoir faire le bien ? Tout le problème est de savoir de quel bien et de quel mal on parle. Ou de savoir ce qu'on appelle « tuer », afin d'envisager, comme Yazid nous y invite, toutes les façons possibles d'y arriver.

Il y en a de multiples en effet, certaines sont explicites et évidentes. Il en est d'autres qui doivent toute leur efficacité à leur dissimulation, elles avancent et opèrent masquées, et à ce titre ne sont pas toujours repérées ; ce sont notamment celles que Yazid qualifie de « psychologiques ». On peut tuer, dit-il, par racisme. On peut tuer en maintenant des groupes humains dans la pauvreté. On peut tuer par enfermement, par exclusion et par violence. Aussi son parcours doit-il nous inviter à nous interroger sur les fondements et les principes de notre ordre social, mais aussi, parce que les deux sont inévitablement liés, sur ceux de notre « ordre moral ».

Je pense en outre que, trop souvent, le regard porté sur les cités ou sur les quartiers l'est depuis ce que l'on pourrait appeler la « bonne société » ou la « société normale ». Et lorsque nous considérons ces lieux et la vie de leurs habitants, c'est aussi dans l'espoir qu'ils retrouvent promptement les voies qui conduiront au rétablissement d'un certain ordre et de certaines normes. Parce que nous avons érigé les normes de la « société intégrée » en normes universelles. D'où les très nombreuses injonctions ou exhortations à la morale et à la citoyenneté que l'on adresse aux habitants des quartiers. Injonctions auxquelles ils peuvent difficilement souscrire dans la mesure où, symétriquement, on a beaucoup fait pour les empêcher d'accéder à ce que nous pensons être la normalité et les empêcher d'être les citoyens ou les êtres moraux, que certains d'eux aspirent encore à être, mais que d'autres n'ont plus les moyens ou l'énergie pour seulement pouvoir y songer.

DANS UN ARTICLE PARU EN 1907, LE SOCIOLOGUE ET philosophe allemand Georg Simmel posait qu'une société s'analyse au regard des liens entre la collectivité et certains groupes sociaux auxquels elle se confronte. Aussi l'analyse des pauvres à laquelle il se livre dans ce texte est-elle moins une sociologie de la pauvreté qu'une « sociologie du lien social [1] » . Car si l'on peut dire que les pauvres [2] se situent d'une certaine façon en dehors de la collectivité, être en dehors n'est qu'une forme particulière d'être à l'intérieur et d'entretenir une relation spécifique avec cette collectivité.

À l'époque de Simmel, on ne parlait pas encore d'exclus, mais si ç'avait été le cas, gageons que l'auteur allemand n'aurait guère apprécié le terme, à supposer même qu'il l'eût utilisé. Or, une lecture rapide du parcours de Yazid Kherfi et les quelques termes ou notions qu'on peut y accrocher – immigration, Arabe, quartier difficile, violence, délinquance... – peuvent donner l'impression d'être en territoire connu, celui de l'exclusion.

1. S. PAUGAM et F. SCHULTHEIS, *Naissance d'une sociologie de la pauvreté*, introduction à la traduction française du texte de G. SIMMEL, PUF, coll. « Quadrige », Paris, 1998.

2. Simmel évoquait aussi le cas des étrangers.

On a vite fait depuis quelques années de parler d'exclusion, formule fourre-tout et à l'emporte-pièce « qui laisse de côté l'idée d'un choix ou d'une volonté plus ou moins délibérée de la part de ceux qui excluent [3] » et, pourrait-on ajouter, de la part de ceux qui sont considérés ou se considèrent comme tels. L'exclusion renvoie à une responsabilité abstraite et à des processus aveugles, le hasard ou la chance, éléments qui ont leur place dans le parcours de Yazid mais auxquels celui-ci ne saurait se réduire. Car on y trouve aussi des causes et des corrélations, des choix, des projets et des désirs, qui s'enchaînent les uns aux autres et permettent au final de comprendre et d'expliquer comment l'exclusion s'opère et où s'exercent les responsabilités.

Ces liens et ces causes sont de nature sociale, économique, politique et psychologique. Aucun ne fait à lui seul la vie de Yazid Kherfi, mais il ne saurait en manquer un seul pour embrasser d'un même regard un chemin qui tient et prend sens par l'ensemble de ces différents moments. Aucun d'eux ne fait à lui seul une vie, disons-nous ; si nous insistons sur ce point, c'est que nous avons vite fait de nous y laisser prendre, surtout lorsqu'il est question de sujets aussi épineux et autant parlés, ou autant médiatisés, que l'immigration, la violence, la délinquance ou les « quartiers ». Pourtant, il ne suffit pas de naître arabe dans un quartier difficile pour devenir délinquant. Il ne suffit pas d'avoir volé des dizaines de fois pour devenir voleur et tomber en prison. De même, il n'est pas suffisant de passer plusieurs années de sa vie enfermé pour ne plus pouvoir prétendre trouver une place dans la société. C'est ce qui ressort du parcours et de la vie de Yazid. C'est ce qu'il convient d'avoir en tête lorsqu'on travaille sur les quartiers ou les cités. C'est plus généralement ce à quoi il faut croire lorsqu'on travaille sur l'humain.

Peut-être est-ce aussi une question d'époque, de pensée d'époque et de conviction. Je suis en effet convaincue que pour

3. M. Wieviorka, *L'Espace du racisme*, Le Seuil, Paris, 1991.

comprendre les êtres sociaux et expliquer leur vie, il importe aujourd'hui davantage de saisir ce qu'ils deviennent que de s'arrêter sur ce qu'ils sont. À cet égard, ce que nous appelons identités, et les stigmatisations qui bien souvent les accompagnent, nous embarrasse. Notre époque, les crises et les changements qui la constituent nous enjoignent de penser en termes de devenir et d'évolution. Cette posture et cette exigence n'étaient pas forcément un choix lorsque nous avons commencé à travailler avec Yazid. Car moi-même, par pente naturelle, par facilité ou prétention imbue d'avoir « trouvé », j'aurais aimé, en l'écoutant et en lui posant des questions, réduire ce qu'il était à une poignée de faits simples ou de pensées claires. Mais cela s'est révélé impossible, parce que sa course est autant faite d'allers et retours, de bifurcations et de contre-courants que de lignes droites et de progressions, en d'autres termes elle forme un tout que l'on pourrait considérer comme paradoxal ou incohérent ; mais je ne vois pas qu'une vie devrait se comprendre ou s'évaluer à l'aune de sa cohérence. Le résultat, c'est qu'aujourd'hui Yazid Kherfi n'habite plus dans une cité et n'est plus un délinquant, même si, le lecteur a pu le noter, il pourrait de nouveau bifurquer et, pourquoi pas, redevenir pour une part ce qu'il a été.

Nous sommes un certain nombre, qui travaillons sur la violence, la haine et la souffrance, à considérer qu'elles peuvent évoluer et se transformer. Nous sommes un certain nombre à agir dans ce sens et à faire le pari qu'un être social est toujours en devenir et qu'il n'est pas seulement la somme de ses déterminations. Lesquelles, en outre, sont pour une part des situations qui lui ont été faites, ou des contextes dans lesquels il s'est trouvé plongé, contextes et situations sur lesquels nous pensons possible et nécessaire d'agir pour les modifier.

Les causes ou les enchaînements qui permettent de saisir le parcours de Yazid ne se donnent pas facilement à lire dans le récit que nous en avons fait, parce que nous avons privilégié l'aspect narratif plutôt que didactique et que, en guise d'« explication », le lecteur a pu s'approprier une histoire aux significations de laquelle il aura sans doute ajouté les siennes. Mais en quoi des histoires ou des récits nous permettraient-ils aujourd'hui, mieux qu'hier, de comprendre et d'agir ? C'est que les phénomènes ainsi décrits et traduits, à savoir notamment la violence et la haine, mais de façon plus générale l'injustice ou l'exclusion si l'on tient à reprendre ce terme, sont multifactoriels et doivent nécessairement s'énoncer au pluriel. Parce qu'il me semble aussi que nos schémas de pensée sont caducs pour les comprendre et les affronter, et que l'impuissance politique à les résoudre se fait jour quotidiennement. Aussi, comme P.-A. Taguieff l'évoque pour la lutte antiraciste, lutter contre la violence et la haine, en particulier celle qui sévit dans les quartiers et dont les jeunes aussi bien que l'ensemble des habitants sont à la fois les auteurs et les objets, demande un traitement global des problèmes. Cette lutte passerait, dit Taguieff, « de l'éthico-légal au politique, du rappel des principes *à l'affrontement de problèmes réels* [4]. Elle perdrait son caractère d'abstraction en cessant de se réduire à une posture morale (se dire contre) et à un appel au respect de la loi ». Puis il termine : « Il faut passer de la lutte frontale contre l'exclusion au traitement social et culturel des multiples situations d'exclusion, *considérer la diversité concrète des situations d'exclusion et des trajectoires individuelles d'"exclus"* [5]. Retour au concret, à l'observable, voire au vécu singulier [6]. »

C'est bien de cela qu'il s'agit ici, une trajectoire individuelle et un vécu singulier, qui donnent à voir le fonctionnement global d'une société à un moment donné. Et donnent à lire, comme Simmel l'avait pressenti, la nature et le fonctionnement des liens que cette société induit ou sécrète en son sein, entre elle-même et certains groupes sociaux, en l'occurrence ici les habitants des cités, les immigrés, les Arabes, les jeunes ou les « violents ».

---

4. C'est nous qui soulignons.

5. *Idem.*

6. P.-A. Taguieff, « De l'antiracisme médiatique au civisme républicain », *Hommes et migrations*, n° 1197, avril 1996.

Du parcours et de la vie de Yazid, chacun tirera les enseignements qu'il voudra. Ce texte aura permis que j'expose une partie des miens. Je voudrais toutefois conclure sur une posture ou une note moins professionnelles, encore que nos métiers ont l'art de mélanger ce qui relève des compétences, d'une formation et d'expériences avec ce que l'on est soi-même, en tant que personne, sur quoi l'on s'appuie d'ailleurs et dont on se sert pour travailler. Ce que je retiens de Yazid ne pourrait s'exprimer en quelques lignes, tant je sors nécessairement changée de m'être fait l'écho de son parcours et de sa vie.

Ce que je ressens en premier lieu relève pourtant du manque, l'impression de n'être pas allée assez loin, de n'avoir pas poussé l'investigation à son terme, d'être au milieu du chemin. C'est un phénomène bien connu. Plus on croit progresser vers la compréhension ou la connaissance, plus elles nous échappent et se transforment en lignes de fuite. La vie, la trajectoire et la pensée de Yazid me semblent aujourd'hui aussi incertaines, problématiques et finalement mystérieuses que lorsque je les appréhendais pour la première fois. C'est le lot de nos métiers, la vie de ceux que nous croisons ne saurait se laisser prendre dans les mailles trop lâches de nos récits ou de nos idées.

Le manque vient aussi de ce que par mon métier, et sans doute par appétence naturelle, j'ai autant besoin de voir, de sentir et de toucher que d'entendre ou d'écouter. J'aurais aimé visiter la maison de Triel où Yazid a vécu enfant, monter avec lui les marches de son immeuble au Val-Fourré et m'asseoir un moment dans le hall d'entrée. Je serais allée voir le bac à sable, le toboggan, la décharge avec les carcasses de voitures, le bois dans lequel la bande attaquait les gosses qui allaient au centre aéré, les caves, les parkings. J'en aurais profité pour rencontrer sa mère, ainsi que ses voisins et ses amis. Peut-être même lui aurais-je demandé de me conduire là où ses coups et ses affaires l'ont mené. Enfin, bien sûr, j'aurais aimé atterrir à Bejaïa ou à Alger et faire la route en taxi jusqu'au village de son père en Kabylie.

Pour voir, dis-je, sentir et toucher, vivre de l'intérieur. Mais aussi parce que, à chacune de mes missions dans les quartiers ou les cités, ou ailleurs, je ne peux m'empêcher de me poser la question de savoir comment je me comporterais, comment j'agirais et ce que je penserais si j'avais à vivre là plus longtemps. Car si le métier que j'ai choisi me conduit en différents endroits, où je reste parfois quelques heures, plus souvent des journées ou des semaines, il arrive un moment où je m'en vais. Aussi mes immersions sont-elles toujours de courte durée, je ne fais finalement que croiser des vies et, comme je dis souvent, rencontrer des gens, auxquels je me demande ce que ma venue et les moments que nous avons partagés ont bien pu apporter. C'est un autre trait de nos métiers, lorsque nous observons, décryptons, interrogeons et analysons, nous nous servons des gens sans pouvoir jamais leur garantir un retour quelconque ; en réalité, on est loin du donnant, donnant, qui me semble pourtant être la base du lien et des relations sociales. Yazid le dit, nous sommes aussi des voleurs d'histoires.

On pourra toutefois nuancer le caractère asymétrique de cette relation en notant qu'il reste toujours quelque chose de ces immersions et de ces rencontres. Les histoires des gens nous ont à chaque fois un peu transformés et nous les portons avec nous, l'ensemble formant une mémoire dont nous restons les témoins et dont à l'occasion nous nous faisons les porte-parole. Nous ne gardons pas tout, mais nous n'oublions pas. À ce titre, nous sommes aussi des passeurs d'histoires.

Nous faisons la navette entre des mondes qui s'ignorent et tentons par nos récits et nos analyses de faire au moins en sorte que cette ignorance ne devienne pas indifférence ou, comme ça peut être le cas, rejet et réprobation. Car, je l'ai plusieurs fois écrit ici, certains de nos concitoyens qui vivent dans les quartiers ou les cités souffrent et ne vont pas bien. Or, comme leur souffrance nous oblige à nous interroger sur quelques-uns de nos modes de fonctionnement, politiques, sociaux et moraux, il est nettement plus confortable de l'oublier et de faire comme si elle n'existait pas. Mécanisme classique de défense d'une société qui s'institue notamment par ceux qu'elle relègue à ses frontières ; aucune n'a jamais procédé autrement.

Faire de ces souffrants des victimes n'a aucun sens car on doit reconnaître qu'ils ont aussi leur part de responsabilité. La leur enlever serait ajouter à leur mal-vivre et à leur défaut d'être, c'est la pire chose qu'on puisse faire si l'on veut qu'ils agissent avec nous pour transformer leurs conditions d'existence. De ce travail, et plus largement des actions qui sont à mener, je ne peux guère parler ici, c'est un autre livre qu'il faudra écrire. Un livre qui pourra montrer que ce qu'on appelle exclusion, d'une part, n'a rien d'inéluctable, d'autre part, relève d'un choix. Les « exclus » ou les relégués ne tombent pas du ciel, c'est nous qui les créons. Nous, et les choix collectifs, sociaux, politiques et humains que nous faisons. J'ai souvenance que, lors d'une discussion sur ce sujet avec un ami, celui-ci rétorquait que toute société ou toute civilisation avait toujours dû faire le sacrifice d'une partie des siens pour avancer. L'histoire en effet fourmille d'exemples à ce sujet, notamment lorsqu'il s'est agi de préparer des avenirs radieux ou des lendemains qui chantent. Inutile de dire que je ne fais pas mienne cette idée et que toute velléité de sacrifier le présent me paraît suspecte et n'est pas loin de me mettre en colère. Tant pis si dans cette optique je ne me fais pas la servante du progrès.

Cela étant, pour revenir à Yazid et ouvrir une piste de réflexion sur laquelle j'aimerais dorénavant travailler, ce n'est pas la souffrance, la honte ou le mépris qu'il a vécus et subis que je retiendrai en premier et conserverai en mémoire, lorsque j'aurai, en certaines circonstances, à me rappeler son parcours ou sa vie. C'est d'abord le plaisir ; le plaisir qu'il a trouvé à être « violent » et délinquant, les joies et les satisfactions qu'il en a tirées. Je les retiens pour trois raisons.

La première, qui pourra paraître anodine ou déplacée, c'est que l'évocation ou la souvenance du plaisir qu'il a ressenti nous aura permis de rire. Yazid et moi avons beaucoup travaillé, nous sommes beaucoup parlé et avons partagé des sujets graves. Mais nous avons également ri, parfois jusqu'à en pleurer. Notamment lorsqu'il racontait son passé de délinquant et essayait de me faire vivre de l'intérieur les aventures qui furent les siennes et les sensations qu'elles lui ont procuré.

Ces plaisirs-là sont en outre selon moi ce qui reste le plus fort en lui. Ce sont ces plaisirs qui font qu'il a été « vivant » et qui lui donnent la force pour à son tour s'occuper de jeunes durs, violents et délinquants. L'énergie et la vitalité qu'il a déployées pour monter des affaires, supporter la prison et vivre l'exil sont les mêmes, demeurées inchangées, qu'il met aujourd'hui au service des jeunes avec qui il travaille.

Mais ce plaisir doit pourtant nous alerter. Car j'ignore totalement, à travers les paradigmes, les dispositifs ou les procédures qui sont les nôtres, comment nous allons bien pouvoir le concurrencer. En effet, qu'avons-nous à proposer à ces jeunes qui leur apporte et leur procure autant que ce que le vol, la violence et la délinquance leur fournissent quotidiennement ? Je redis encore une fois que les rappels de la loi ou de la raison ainsi que les exhortations morales ne nous sont à cet égard d'aucune utilité. Quant à leur opposer un quelconque principe de réalité, chacun verra qu'il risque de ne pas faire le poids.

En cela, le parcours de Yazid et celui de certains jeunes des cités ou des quartiers doit nous faire faire retour sur nos propres vies et nous interroger, chacun personnellement, sur les plaisirs et le sens que nous y trouvons. Car la voie qu'il faut emprunter est celle par laquelle on pourra combattre et opposer à un plaisir un plaisir plus grand. Aussi n'est-ce pas seulement par nos regards, nos analyses ou nos moyens d'action que nous pourrons changer les choses ; c'est aussi ou d'abord par ce que nous sommes. C'est – et nous touchons là au b-a-ba de la pédagogie, donc du politique – par l'envie que nous donnerons aux jeunes violents et délinquants de nous ressembler.

La piste qui s'ouvre alors est celle de l'éducation. Une éducation qui se fera et se gagnera non par la morale et la raison, elles ne sauraient en tout cas en être le point de départ, mais par le sentiment et l'émotion, les seuls outils qui nous restent lorsque les autres ont échoué. On ne devra certes jamais s'en tenir là, mais c'est par là qu'il faut commencer.

POSTFACE À L'ÉDITION 2003

DEPUIS LA PARUTION DE CE LIVRE, EN 2000, MON parcours social s'est enrichi. J'ai poursuivi mes études, et suis maintenant titulaire d'un DESS en Ingénierie de la sécurité à l'Institut des hautes études de la sécurité intérieure (IHESI) en partenariat avec Paris-V ; j'ai également été nommé membre du Conseil national des villes en février 2002 par le Premier ministre Lionel Jospin. Successivement animateur socioculturel, directeur d'une structure jeune, puis formateur au sein de l'équipe de Charles Rojzman, j'exerce aujourd'hui le métier de consultant dans un cabinet spécialisé sur l'évolution des métiers et sur les questions sociales, et anime régulièrement des conférences et des débats publics sur le thème des violences urbaines. Le livre, et l'ascension sociale qui l'a accompagné me permettent aujourd'hui d'être entendu : on reconnaît ma valeur, mon expertise, ma connaissance du terrain. J'interviens dans le cadre de formations auprès de différentes institutions : écoles de police, magistrature, universités, municipalités et équipes de travail social.

Mon premier objectif est de les aider à comprendre les phénomènes d'incivilité, d'insécurité et de violence, la culture délinquante, les logiques de chacun ; le second est de faire émerger les dysfonctionnements dans les institutions concernées par la violence et la délinquance des jeunes et de participer à la réflexion sur de possibles améliorations. Je propose également des débats publics, dans lesquels j'insiste pour que tous aient la parole, et en particulier les jeunes concernés, délinquants ou violents : les écouter est, à mon sens, primordial, même si ces débats sont parfois conflictuels. J'aime y appliquer le principe cher à Charles Rojzman : « Transformer la violence en conflit négociable. »

En deux ans, la situation dans les quartiers dits « populaires » n'a malheureusement guère évolué. Bien au contraire, elle s'est souvent durcie : le dialogue avec les institutions et les politiques est de plus en plus difficile, les individus s'observent avec davantage de méfiance, les associations sont parfois instrumentalisées par les municipalités au point d'être réduites au silence. Le processus de ghettoïsation très avancé de certains quartiers, où se retrouvent de fait confinées des populations en difficulté, contribue à ériger un véritable mur psychologique d'incompréhension et de mépris mutuels entre ceux-ci et les autres quartiers plus aisés : la communication entre les deux mondes est quasi inexistante. Ces situations ne peuvent qu'être explosives à court ou moyen terme. La spirale de la montée de la répression suit celle de la violence. Le dialogue a fait place au tout pénal.

Et pourtant, aux termes d'« intégration » et de « citoyenneté », s'est maintenant ajouté celui de « démocratie », décliné à l'envi. En réalité, la participation des habitants est toujours aussi peu encouragée et prise en compte : peur d'entendre l'autre, peur d'une possible remise en cause, peur de la critique. La préférence est donnée à l'évitement du conflit, et non à l'écoute et à la réflexion commune. Les acteurs sociaux, eux-mêmes, sont moins présents. Chacun est enfermé dans sa propre institution, protégé du public par une « brigade » d'emplois jeunes.

La violence reste donc, pour certains jeunes habitant ces quartiers, la seule façon de se faire entendre, voire de « communiquer ». Or si l'on n'apprend pas à ces jeunes les vertus du dialogue, s'ils ont le sentiment que leurs parents, les habitants de leurs quartiers ne sont pas considérés comme dignes d'être écoutés, si le seul modèle qui leur est proposé par les institutions et les politiques est une succession de mesures auxquelles ils ne sont jamais associés mais qui leur sont imposées, comment s'étonner qu'à leur tour, et souvent même entre eux, ils imposent leur loi ?

Rien n'est plus terrible que l'image qui leur est renvoyée par la société : plus elle est mauvaise, plus ils s'en inspirent. Ils se nourrissent de cette stigmatisation, se posent en victimes systématiques d'une société qui ne veut pas les entendre et qu'ils accusent à leur tour de tous les maux, faute de dialogue. Ils instaurent alors leurs propres normes ; l'exemple donné par les jeunes filles de ces quartiers est en ce sens significatif : elles n'ont souvent d'autres choix, pour se faire respecter, que de sortir des quartiers en baissant la tête, en ne fréquentant que des jeunes extérieurs à leur environnement direct, ou de devenir aussi violentes – et parfois plus – que les garçons qui les entourent. Fuite ou affrontement ne sont-ils devenus que les seules alternatives pour la jeunesse ?

En ce sens, mon regard sur les dispositions de la nouvelle loi sur la sécurité intérieure proposée par Nicolas Sarkozy est critique : certaines d'entre elles sont vécues comme une provocation supplémentaire et, de plus, sont inapplicables. Le cas médiatisé des occupations de cages d'escalier est révélateur de ce constat : la plupart des jeunes éprouvent le besoin de se regrouper et, en l'absence de lieux d'accueil dédiés et accessibles, la cage d'escalier est un espace proche de chez eux et ouvert à tous. Mais en perturber le « bon fonctionnement » constituera un délit. Comment désigner le coupable ? Devant l'impossibilité de donner une sanction collective, quel plaignant osera se retrouver en face des groupes de jeunes et désigner formellement le fauteur de troubles présumé ? Enfin, où se situe la limite de l'infraction ? Il est peu raisonnable de penser que la police va se déranger à chaque appel, pour chaque petit trouble réel ou supposé des jeunes dans les cages d'escalier. Ce qui relève du conflit de voisinage, et qui donc devrait se régler par la parole et le dialogue entre les personnes concernées, est finalement traité de manière répressive voire pénale.

Le projet de loi sur la sécurité intérieure s'attaque aux conséquences, mais pas aux causes ; il repose sur le renforcement de la peur de l'autre et non sur le renouvellement du dialogue et de la découverte de l'altérité. Il est au contraire vital de redonner la parole aux habitants, de les accompagner, de reconnaître leur difficulté à faire face. De la même façon, les acteurs institutionnels, les professionnels et les bénévoles qui interviennent dans ces quartiers ont besoin d'être entendus et soutenus. La réalité sur le terrain a changé, et il ne suffit plus d'y envoyer des équipes sans cesse plus nombreuses mais démunies devant des situations qui les dépassent. La complexité des situations (violences urbaines, incivilités, sentiment d'insécurité) rend absolument indispensable une formation plus adaptée, une analyse des pratiques et des échanges entre les différents acteurs locaux : parents, habitants, élus, enseignants, travailleurs sociaux, bailleurs, transporteurs, agents des autres services de proximité, policiers, magistrats...

Mais l'accueil des institutions reste très inégal : si je suis écouté dans certaines écoles de police, il m'est beaucoup plus difficile d'être accepté par l'Éducation nationale, dans les IUFM (Instituts universitaires de formation des maîtres), dans les écoles de formation pour les éducateurs de prévention spécialisés et les animateurs socioculturels. Il m'est arrivé d'intervenir dans des classes et de me faire reprocher par la suite d'avoir laissé les jeunes exprimer leurs sentiments, leurs angoisses, leurs colères. S'il est certain qu'il peut exister un certain manichéisme chez les jeunes – que l'on retrouve par ailleurs chez bien des « adultes » –, la question de leur « ressenti » ne doit-elle pas malgré tout être prise en compte ?

Considérons par exemple le cas d'adolescents qui accusent leurs professeurs d'être racistes ou de les mépriser : réalité ou illusion, c'est en tout cas ce qu'ils éprouvent. Les professeurs peuvent nier cet état de fait et refuser d'en parler, et chaque partie s'enfoncera alors dans l'incompréhension et le déni réciproques. Je pense que la relation éducative commence avant tout par l'écoute puis le dialogue. Dans ma propre ville, à Mantes-la-Jolie, la municipalité refuse toute intervention de ma part, malgré mes nombreuses sollicitations pour participer à la vie locale. Le commissaire de police rejette toute discussion, le directeur du club de prévention m'évite. Les collèges de la ville ne m'ont jamais contacté. Proposer de donner la parole à tous semble les déranger.

Ma préconisation principale reste de communiquer et d'accepter d'entendre le conflit. Dans le cas contraire, chacun continuera à être alternativement la victime et le bourreau de l'autre. Une réelle volonté politique et la participation de tous peuvent encore faire évoluer les situations, même les plus tendues. Je développe, avec les municipalités, quelques pistes de travail. Parmi celles-ci, l'ouverture des lieux d'accueil en soirée : de tels espaces, demandés par les jeunes, constituent une alternative constructive aux regroupements dans les halls d'immeuble, et une opportunité de recréer une mixité avec les adultes. De tels lieux demandent une volonté municipale forte, un personnel qualifié, un partenariat efficace avec l'ensemble des acteurs. Ils doivent s'accompagner de la mise en place d'espaces de parole et de débat : instaurer un dialogue est essentiel pour éviter que la violence qui vise la police, les pompiers, les médecins et les adultes en général ne soit le seul mode d'expression des jeunes.

Force est de constater, malheureusement, que les institutions politiques et les acteurs de la vie locale sont plus souvent dans une logique d'évitement de la rencontre et du conflit. « Si on refuse d'entrer dans un conflit, on a peu de chances d'en sortir. » Il est également indispensable de soutenir les familles ; il est en effet inquiétant de constater à quel point les élus locaux et les acteurs de terrain font preuve d'une méconnaissance des problématiques des familles de ces quartiers, trop rapidement accusées d'irresponsabilité. Plutôt que de les condamner, il conviendrait de s'interroger sur la manière de les aider à assumer leur rôle éducatif vis-à-vis de leurs enfants et notamment des jeunes garçons, bien souvent tentés de rejoindre une « bande » de la cité, perçue comme un cadre sécurisant et valorisant pour eux-mêmes, à l'inverse du cadre familial et des institutions, telles que l'école, discrédités.

Si les familles sont souvent dépassées et parfois démissionnaires, il en va fréquemment de même pour les acteurs de terrain et les institutions. Il est donc plus que nécessaire de revaloriser ces familles dans leur rôle d'adultes responsables de leurs enfants, au lieu de les accuser continuellement d'être de mauvais parents. De la même façon, il convient de se préoccuper davantage de la souffrance psychique des adolescents : la violence des jeunes en groupe existe et il ne s'agit pas de la nier. Or tout se passe comme si le mécanisme victimaire qui désigne ces jeunes comme des boucs émissaires des difficultés ressenties par les adultes permettait ainsi de se dédouaner à bon compte de notre difficulté à construire une société qui fait sens et qui donne du sens. De plus, le travers idéologique qui consiste à séparer de façon artificielle la souffrance qui relèverait du monde médical, de la violence qui relèverait de la justice, me semble devoir être corrigé. Il s'agit donc de bien comprendre les mécanismes de la violence, dont l'une des causes essentielles est à rechercher du côté de la souffrance psychique de ces enfants, elle-même liée à leurs histoires personnelles et à leurs conditions de vie.

La notoriété acquise depuis l'écriture de ce livre auprès d'habitants et de jeunes des quartiers dits sensibles m'encourage à poursuivre leur défense ; certains me demandent de venir les voir dans leurs cités, d'animer un débat, d'autres me sollicitent pour des conseils, une aide, un soutien. Pour mettre à profit cette connaissance du terrain et mes contacts auprès des institutions, j'ai pris l'initiative de créer une association [1], dont le but principal est de redonner du pouvoir aux habitants, de l'espoir et la volonté d'agir. La démarche vise tout d'abord à provoquer une prise de conscience générale des risques qu'encourt la société en refusant de se confronter aux problèmes. L'association a pour objet de redonner aux habitants la force d'affronter les problèmes et le goût de vivre, en favorisant les moments d'échanges, les rencontres, les débats, en faisant jouer les réseaux et les soutiens locaux. Cette association se veut ouverte à tous et invite quiconque souhaite œuvrer pour un mieux vivre ensemble à la contacter.

Mon souhait profond est d'apporter ma contribution à l'émergence d'un mouvement de masse capable de réaliser le rêve démocratique d'égalité, de justice, de paix, de coopération. Un mouvement qui donne à tous les mêmes chances dans cette vie que je continue à croire merveilleusement belle et qui vaut la peine d'être vécue. Comme vous le voyez, je reste profondément optimiste.

Yazid Kherfi, avril 2003

---

1. Association « Pouvoir d'agir » 5 *bis*, rue de Tlemcen 75020 Paris.

BIOGRAPHIE DE YAZID KHERFI

15 mai 1958	Naissance de Yazid Kherfi au domicile familial de Triel-sur-Seine.
Février 1967	Installation de la famille dans le quartier du Val- Fourré à Mantes-la-Jolie.
Septembre 1971	Passage en sixième de transition. Premiers délits.
Septembre 1973	Retour au collège Chénier, quartier du Val-Fourré.
Septembre 1975	Préparation BEP automobile, lycée technique de Coulommiers.
Juin 1977	Échec au BEP. Obtention du CAP de mécanique auto.
Juin 1978	Première incarcération. Prison de Nantes (deux mois).
Mai 1979	Deuxième incarcération. Prison de Chartres (six mois).
Décembre 1980	Troisième incarcération. Prison de Bois-d'Arcy (trois mois).
Juin 1981	Braquages sur l'autoroute du Sud et mort de Nasser, dit « Boxeur ». Cavale et fuite vers l'Algérie.
Septembre 1981	Service militaire en Algérie (deux ans).
Mars 1982	Affectation à l'École supérieure de la défense aérienne (Reghaïa).

Juillet 1983	Fin du service militaire.
	Installation à Tizi n'Braham (Kabylie).
Avril 1984	Décès du père de Yazid.
Octobre 1984	Retour en France.
Janvier 1985	Arrestation au Val-Fourré.
	Incarcération à la prison de Bois-d'Arcy.
Février 1985	Transfert à la prison d'Avignon.
Avril 1985	Condamné à quatre ans d'emprisonnement.
	Transfert à la prison de Nîmes.
Mai 1985	Jugement en cour d'appel de Nîmes.
	Confirmation de la condamnation.
Juin 1985	Transfert à la prison des Baumettes (Marseille).
Octobre 1985	Transfert à la prison de Fresnes.
Novembre 1985	Transfert à la maison centrale de Liancourt (Oise).
Juin 1986	CAP de comptabilité.
Avril 1987	Passage devant la commission d'expulsion, qui rend un avis défavorable. L'expulsion sera maintenue par le ministère de l'Intérieur, puis transformée en un an d'assignation à résidence.
Juin 1987	CAP d'employé de bureau.
Octobre 1987	Sortie de prison. Assigné à résidence pour un an.
Novembre 1987	Travail bénévole à la mission locale de Mantes.
Octobre 1988	Fin de l'assignation à résidence.
	Obtention d'un titre provisoire de séjour.
Décembre 1988	Début de la période militante.
Février 1989	Création du collectif Jeunes de Mantes-la-Jolie.
Mai 1989	Animateur de centre sociocuturel (Plaisir, 78).
Avril 1990	Animateur à l'ACVL (Chanteloup-les-Vignes).
Mai 1991	Première émeute au Val-Fourré.
Juin 1991	Deuxième émeute au Val-Fourré.
Février 1992	Co-organisateur des premières Assises des jeunes des banlieues (Bron).
Mai 1993	BEATEP.
	Coordinateur de l'ACVL.
	Séjour en Algérie.

Avril 1995	Mariage de Yazid.
Octobre 1996	Naissance de sa fille, Kahena.
Octobre 1997	Étudiant en sciences de l'éducation (université de Nanterre).
	Directeur de l'ACVL.
Mai 1998	Licencié en sciences de l'éducation.
Mai 1999	Séjour en Algérie.
Septembre 2000	Fin du travail à Chanteloup.
Octobre 2000	Intégration dans l'équipe de Charles Rojzman.

TABLE DES MATIÈRES

Composé par DV Arts Graphiques
à La Rochelle.
Impression réalisée par Tirage
aux Ulis (Essonne).
Dépôt légal du 1er tirage : avril 2003.
Suite du 1er tirage (7) : mai 2016.
Imprimé en France